Rossini

« Ce que l'amour est au cœur,
l'appétit est à l'estomac. L'estomac est
le maître de musique qui freine ou éperonne
le grand orchestre des passions ;
l'estomac vide sonne comme le basson
de la rancœur et la flûte de l'envie ;
l'estomac plein bat au rythme du sistre,
du plaisir et du tambour de la joie.
« L'amour, c'est la prima donna qui agit
sur scène en envoyant des notes brûlantes
qui grisent l'oreille et ravissent le cœur.
Manger et aimer, chanter et digérer
sont les quatre actes de l'opéra bouffe
qui a pour titre la vie,
et qui ne dure qu'un moment,
comme une cuite au champagne.
Celui qui la laisse s'enfuir sans en profiter
n'est qu'un fou. »
(Rossini, d'après Œttinger.)

Remerciements

Nous tenons à exprimer notre reconnaissance à toutes les galeries et tous
les antiquaires : Marie Noël Soudre, *Aux fils du temps* (tissus,
cachemires, châles, et costumes), *Fuschia* (nappes, serviettes et dentelles),
Dominique Paramythiotis (collection particulière et cristal Baccarat), Eric Dubois,
Arts domestiques anciens, *La Tuile à Loup*, Patrick Arguence (intruments de musique),
Au puceron chineur, (bougeoirs, argenterie, plateaux),
La galerie Berdj Achdjian (tapis), Jean-Louis Riccardi et Olivier Goubot
(objets de collection), Hélène Huré, *Bernardaud, Ancienne manufacture royale chez
Bernardaud* (porcelaines), *Odiot* (candélabres, plats de présentation en vermeil),
Michelle Aragon (service creil à feuille de chêne, plats de service).

Un remerciement affectueux à Elisabeth Sauvat qui a animé avec sa bonne humeur
toute l'équipe et aux assistants René Willig, Jérôme Chassin
et Basile Duplessis pour leur efficacité.

Nous remercions également pour leur aide ou leur accueil :
Christine et Michel Guérard *Eugénie les Bains* pour leur potager et la ferme aux grives,
Colette Gueden, Selinde et Jean-François Lorans,
Marie Véronique Clin Meyer, Conservateur du Musée de la Médecine,
Wassili Du Plessis, Serge Gustave Sender, membre de l'Académie culinaire de France,
Marcel Derien, chef cuisinier, Martine Kahane,
Simone Marty de la Bibliothèque Musée de l'Opéra Garnier-Bibliothèque nationale
de France, Christian de Pange de l'Opéra national de Paris, Stefano Rossi,
et Madame Roubaudi de la Maison Opéra.

Conception graphique

LOUISE BRODY

Direction d'ouvrage

CATHERINE LAULHÈRE-VIGNEAU

Coordination

JULIE ROUART

Photogravure : Compos Juliot

© Éditions Plume / Adès 1997
ISBN : 2-84110-053-7

Éditions Plume
28, rue Sévigné
75004 Paris

~ *Rossini* ~
les Péchés de Gourmandise

Photographies
PETER KNAUP

Texte
THIERRY BEAUVERT

Recettes
NATHALIE LE FOLL

Stylisme Art de Vivre
LYDIA FASOLI

Préface
ALAIN DUCASSE

ÉDITIONS PLUME

Monstre pour
Mon ami E. Pacini

(La Chanson du Bébé)

C'est moi le gros bébé
qui est toujours enrhumé
Je mange bien des fruits
... dans ... l'intestin

Le ventre me bouillonne
et je crains toujours
que la ficelle tonne
à l'instar du gros canon
dans ce craintif état
Je m'accroche à maman
atchi at— at— at—
Papa maman ... Caca.

J.S.B.P.

« Monstre pour Pacini » : La Chanson de bébé.
Autographe.

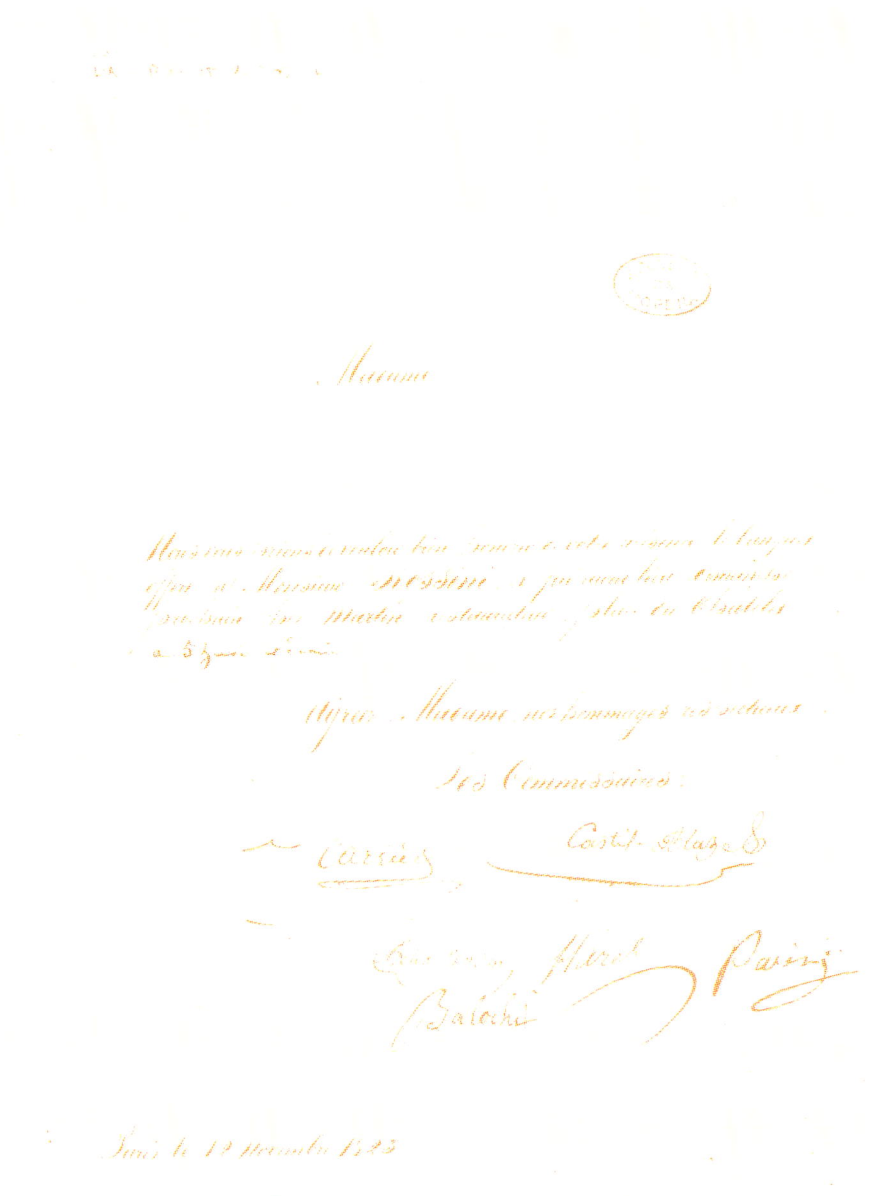

Madame

Agréez Madame nos hommages respectueux

Les Commissaires :

Paris le 12 novembre 1823

Invitation pour le banquet du « Veau-qui-tette ».
Lettre circulaire du 12 novembre 1823.

Préface

*S*oit…! Rossini passait parfois plus de temps dans les cuisines
de ses demeures qu'à composer dans sa chambre ou dans son bureau,
mais c'était pour la bonne cause. Il tourna tant et tant autour
de ses chefs et de ceux des autres qu'il légua son nom à quelques-uns
de leurs morceaux de choix. Le tournedos Rossini fait immédiatement
tinter un air connu où qu'il soit cuit dans le monde.

*C*e gourmet d'italien développa tour à tour génie musical et gourmandise
irrépressible. Comment l'une agissait-elle sur l'autre ?
Selon les époques, le Maestro trouva à table son inspiration, ou noya dans
la nourriture la tristesse de pièces écrites sans passion et accueillies
par une critique cinglante.

*T*oujours hésitant entre Paris qui le comblait et l'Italie, sa terre natale
qui le réclamait, Rossini navigua longtemps, s'inventant une vision toute
culinaire de la géographie. Gourmand des mêts de France, d'Espagne,
des Flandres ou de la péninsule, il se faisait livrer par les plus
grands, aurait troqué un opéra contre un jambon, et préférait
les pâtisseries aux honneurs.

*C*uisine classique que celle de cet artiste ? Faite en tout cas des meilleurs
produits recherchés aux quatre coins d'Europe. Tradition italienne
ou bien française ? Rossini n'a jamais pu abandonner l'huile d'olive
et n'oubliait ni les pâtes, ni le riz dans ses compositions.
Péchés que sa gourmandise ? Elle lui apporta un immense plaisir et un
domaine de plus où exercer sa bondissante créativité. Voici quelques-unes
des recettes qu'il nous a léguées, à déguster en musique.

Alain Ducasse

Les Péchés de Gourmandise

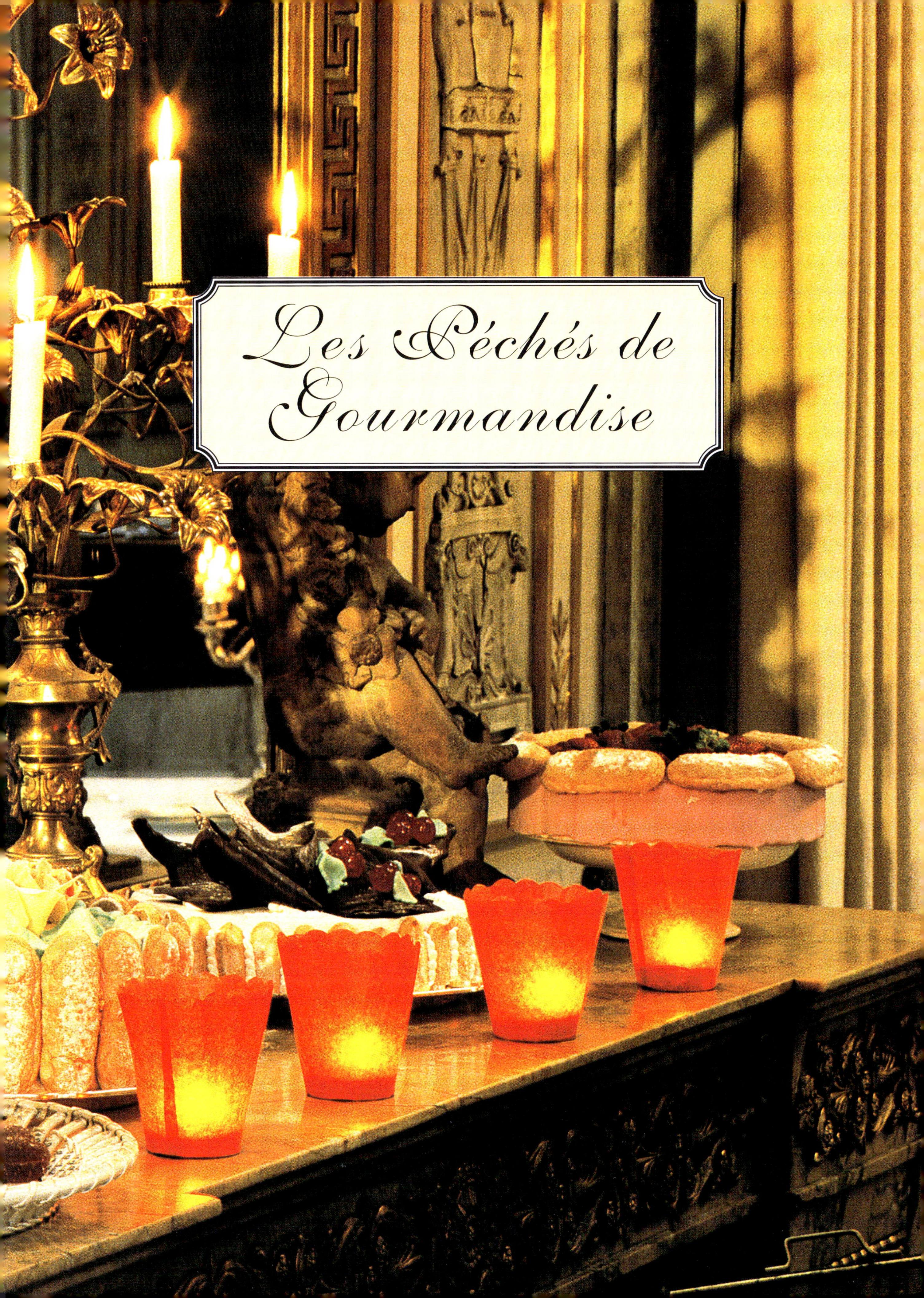

Rossini à Paris

ou le Grand Dîner

Rossini à Paris ! Il y a de quoi attiser le feu sacré de tous les *dilettanti* de la capitale. Dès la fin de l'Empire et les premières cavatines publiées en France, ils avaient fait du Théâtre royal italien leur temple, de Rossini, leur idole, et de *L'Italienne à Alger* ou d'*Otello* leur credo. « Accourez dilettanti, accourez rossinistes qui rompez tous les jours des lances en l'honneur de votre auteur chéri ! Accourez, vous tous qui aimez la bonne musique ! », peut-on lire dans *Le Courrier des spectacles* du 25 juin 1821. Mais, malgré l'enthousiasme bruyant de cette bande de fanatiques défendant à grands renforts de bravi et de brava les *Barbiere*, *Gazza ladra*, *Tancredi* et autres *Cenerentola*, malgré le soutien parfois encombrant de plumes telles que celles de Stendhal ou de Castil-Blaze, Rossini ne compte pas que des amis à Paris. À la lithographie légitimiste d'Eugène Delacroix représentant le maestro soutenant à lui seul l'opéra italien répond la charge anonyme d'un signor Tambourossini piétinant de son *vacarmi* les beautés classiques. Les nationalistes le tiennent responsable du déclin de l'opéra français, les traditionalistes l'accusent de bafouer Mozart ou Cimarosa, et il n'est pas jusqu'au tout-puissant Lesueur, membre

Portrait de Stendhal. Gravure anonyme.

Page 13 : Partition d'« Otello ». Portrait de Rossini par M. Mayer.

« Théâtre-Italien », Rossini soutenant à lui seul tout l'opéra italien. Lithographie d'Eugène Delacroix, 1821.

de l'Institut et professeur de composition au Conservatoire, qui qualifie de « turlututus » les ouvrages du « signor Crescendo ». Qu'à cela ne tienne, cette fois Rossini est décidé à conquérir Paris. Il en a fait la confidence en janvier 1822 au correspondant du *Miroir*, « témoignant bien vivement le plaisir qu'il aurait de s'y fixer », lui qui, quatre ans auparavant, se faisait encore tirer l'oreille, comme le rapporte Grasset, l'émissaire, à l'époque, de l'Académie royale de Musique.

« Il prend tout assez légèrement, le plaisir passe avant tout chez lui, on l'attend à Naples depuis près de deux mois pour faire un opéra, mais il est en si bonnes mains ici pour deux choses qu'il aime, la table et les femmes, qu'il a toutes les peines du monde à se décider pour son départ. »

Enfin, le 18 octobre 1823, *La Pandore*, organe quasi officiel des dilettanti, avise ses lecteurs en ces termes : « On annonce l'arrivée à Paris de Rossini et de Mme Colbran. » Aussitôt les rumeurs vont bon train. Le 1er novembre, la même *Pandore* annonce à tort son arrivée, reprise par *Le Courrier des Théâtres*. En fait, le compositeur ne fera son entrée que dix jours plus tard. « Rossini est décidément arrivé à Paris. On parle d'un dîner que doivent lui donner

Panorama de la ville de Paris.
Huile sur toile de Arnald, 1829.

ses admirateurs », signale laconiquement *La Pandore* datée du 10 novembre. La nouvelle occupe bientôt toutes les conversations des dilettanti : « On en parlait au foyer, et dans les loges ; chacun prétendait savoir quelque chose de plus positif sur l'heure de l'arrivée du grand compositeur, sur le lieu où il est descendu, et quelques particularités de plus sur sa personne ». « Monsieur Rossini porte une de ces figures ouvertes et bien nourries qui communiquent d'une manière irrésistible à tout venant, la joie dont elles sont empreintes », renchérit *Le Courrier des Spectacles*. Les paparazzi se déchaînent, suivant le musicien pas à pas. Le lendemain de son arrivée, sa présence à l'Académie royale de Musique déclenche un mouvement de curiosité, puis des ovations. Le 11, il est littéralement tiré sur scène à l'issue d'une représentation du *Barbier de Séville* aux Italiens. La soirée s'achève par une sérénade sous ses fenêtres, relatée par *Le Courrier des Théâtres* du 14 novembre. « À onze heures et demie, un corps de musique composé d'une des meilleures musiques de légion, renforcée de l'harmonie des Bouffes, a exécuté sous les fenêtres du professeur Biagoli, chez qui loge Monsieur Rossini, rue Rameau n° 6, plusieurs morceaux des opéras du nouveau

Éventail représentant les personnages du « Barbier de Séville », 1840.

venu […]. Une foule considérable, dans laquelle on remarquait les amateurs les plus distingués, remplissait pendant ce temps la rue ainsi que le magasin du luthier Thibaut, qui a bien voulu ouvrir sa porte et son foyer hospitalier à ceux qui ont voulu se réchauffer. » Rue Rameau, les visiteurs se succèdent du matin au soir. S'il vient à sortir pour faire ses visites à Cherubini, Reicha ou à l'irascible Lesueur, Rossini trouve sur ses pas une foule curieuse, empressée, qui le suit en le désignant du doigt. Il lui arrive même, en retournant le 15 aux Italiens où l'on donne *Tancredi*, de décevoir malgré lui des dilettanti qui espéraient l'entendre au piano et doivent se contenter de le voir apparaître au milieu du spectacle dans le fond d'une baignoire. Et la *Gazette de France* d'insinuer que « les amis qui lui font les honneurs de Paris sont beaucoup plus occupés de la gloire de notre cuisine que de celle de nos théâtres ». D'ailleurs dilettanti et antirossiniens se livrent âprement bataille par revues interposées. Aux étendards du parti italien déployés par *La Pandore* répondent les piques du *Diable boiteux* prétendant « que deux rossinistes ont été trouvés, gelés, à quatre heures du matin, dans la rue Rameau ; leurs mains étaient encore jointes,

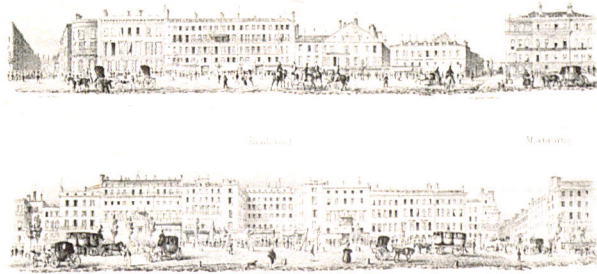

et ils avaient la bouche ouverte pour crier bravo », ou encore de la *Gazette* concédant au musicien « un petit triomphe de coulisses auquel le public n'a pris part que pour en faire ressortir le ridicule. L'auteur d'*Otello* et de *Tancrède* est un artiste très distingué, mais pourquoi ce grand festin, cet immense pique-nique, où veulent l'attirer des gens qui n'ont jamais entendu une note de sa musique ? ». Indifférent en apparence à ces querelles, Rossini poursuit sa découverte de la capitale en s'attablant avec le Tout-Paris. Pour lui, les fêtes se succèdent sans interruption. Il est reçu chez la duchesse de Berry, chez la comtesse Merlin, chez la délicieuse Mlle Mars, gloire du Français, ou encore chez ce fidèle M. Panseron, le seul musicien à s'être rangé le soir de la première houleuse du *Barbier* à Rome aux côtés de l'auteur. « M. Panseron voulut donner à Rossini une petite fête de famille. Il commençait alors sa carrière et occupait un modeste entresol dans la rue de Provence. Il adressa des invitations à quelques amis ; mais à peine eut-on appris dans le monde de la musique que Rossini devait aller chez M. Panseron qu'on sollicita de tous les côtés l'honneur d'y être admis. L'entresol n'y suffisant plus, il fallut avoir recours à un locataire de

Ci-contre :

« Rossini poursuit sa découverte de la capitale en s'attablant avec le Tout-Paris. Pour lui, les fêtes se succèdent sans interruption. »

l'étage supérieur, qui prêta son appartement de très bonne grâce.

La musique de Rossini fit, comme on le pense bien, tous les frais de cette soirée. Vers onze heures, la musique des gardes du corps, sous la conduite de M. Buhl, premier trompette de l'Opéra, vint donner une sérénade en l'honneur du héros de la fête. Puis, après un souper dont faisaient partie Hérold, Levasseur, Daussoigne, Chaulieu, Riffault, et quelques autres jeunes artistes, commença un nouveau concert. Rossini, l'imagination un peu échauffée, mit bas son habit, à l'exemple des autres conviés, s'assit à terre, et, dans cette posture peu académique, faisant un effort pour appuyer ses doigts sur le clavier du piano, il accompagna et chanta tout à la fois pendant deux heures les principaux morceaux de ses opéras. Levasseur lui servit de *partner* dans le duo d'Arsace. La partition de *Semiramide*, à ce moment, était encore inconnue à Paris. Après la partie sérieuse, vint la partie comique. On avait entendu l'air de *Il Barbiere* chanté par des artistes de grand talent ; mais, interprété par Rossini comme il le fut ce soir-là, il avait une toute autre allure, un tout autre caractère. C'était un véritable feu d'artifice. On fut ravi, émerveillé, enthousiasmé. Une fois lancé, le spirituel

maestro retrouva sa nature tout à fait italienne. Le voilà emporté sur les ailes de bouffonnerie. Il imite toutes les voix, celles des hommes, celles des femmes et celles des animaux ; mais sa charge la plus originale fut la reproduction d'un air de musico de la chapelle Sixtine, avec des gestes et des expressions de physionomie d'un comique désopilant. On parla dans tout Paris de ce concert improvisé » (Léon Escudier).

Pour Rossini, Paris n'est alors qu'une suite de festins. « Parmi les artistes, les écrivains, les personnages de distinction, on organisa, en l'honneur de Rossini, des banquets dont toute étiquette, toute contrainte, étaient bannies, et qui réjouissaient fort le célèbre maestro, lequel aimait beaucoup la bonne chère et le plaisir, surtout en compagnie de gens d'esprit et distingués. Romani fut le promoteur du premier de ces banquets dans les salons du fameux restaurant Canetta » (Arthur Pougin).

Mais le point culminant de toutes ces réceptions fut sans conteste le grand banquet offert à Rossini par ses disciples le 16 novembre dans la grande salle du Veau-qui-tette, place du Châtelet, une adresse parmi les plus élégantes de la capitale et spécialiste incontesté du pied de mouton. À peine la nouvelle connue, *La Pandore* bat le rappel. « Il n'est question dans les journaux, dans les cercles, dans les foyers des théâtres lyriques, que du dîner accepté par M. Rossini… Il est inutile de dire que la liste des souscripteurs à cette fête est déjà considérable ; les amateurs qui ne seraient pas inscrits n'ont pas de temps à perdre ; ils peuvent encore aller porter leur nom chez M. Pacini, éditeur de musique, Bd Italien », Pacini, initiateur avec Castil-Blaze de cet hommage gourmand, Pacini qui vend aussi « le portrait le plus ressemblant de M. Rossini que nous connaissions ».

Ils seront finalement plus de cent cinquante à table autour du *giovine di gran genio*, soirée que, bien entendu, *La Pandore* nous relate par le menu. « La salle immense de M. Martin, place du Châtelet, avait été décorée par le plus habile de nos décorateurs. Des médaillons, entourés de guirlandes de fleurs, étaient placés de distance en distance, et sur chacun d'eux était écrit en lettres d'or le titre de l'un des ouvrages du héros de la fête ; tous n'y étaient pas. Au-dessus du fauteuil qui lui était destiné, on avait suspendu son chiffre. Au moment de l'arrivée de M. Rossini, un excellent concert d'harmonie, conduit par M. Gambaro, a attaqué l'admirable ouverture de *La Gazza*. Il serait difficile d'imaginer un coup d'œil plus brillant que celui que présentait la table autour de laquelle ont pris place cent cinquante convives.

« La France, pays des jolies femmes…
des petits pâtés et du bon vin ;
pays charmant auquel il ne manque que
des contraltes pour être parfait ».
(« le Charivari », novembre 1866)

M. Rossini était assis entre Mlle Mars et Mme Pasta. M. Lesueur, [ayant apparemment fait amende honorable], placé en face du héros de la fête, avait à sa droite Mme Rossini, et à sa gauche Mlle Georges. Mmes Grassari, Cinti et Demeri venaient ensuite. MM. Talma, Boieldieu, Garcia, Martin se trouvaient dans ce groupe éclatant de parure et de beauté. Tous les arts, tous les talents y étaient dignement représentés ; on y remarquait encore MM. Auber, Hérold, Ciceri, Panseron, Casimir Bonjour, Mimaut ; Horace Vernet y avait sa place [et sa maîtresse d'alors Olympe Pélissier, future Mme Rossini, également] on y voyait aussi avec plaisir de ces hommes que le soin des plus hauts intérêts et de grandes occupations ne détournent pas des fraternelles réunions des amis des arts. « Pendant le repas, des fragments tirés d'opéras qui étaient dans la mémoire de chacun se succédaient de temps en temps ; ils étaient écoutés avec une attention presque sans exemple dans ces sortes de circonstances. C'était un digne hommage rendu à leur auteur. Au second service, M. Biagoli a récité un sonnet de sa composition, dont la poésie a paru haute et harmonieuse ; des exemplaires imprimés ont été distribués à tout le monde, et M. Talma, cédant à l'invitation de ses voisins, a lu la traduction avec cet

Ci-contre : La Place du Châtelet à Paris avec au fond le restaurant Le Veau-qui-tette. Lithographie coloriée de P. Benoist.

accent pathétique qui excite de si puissantes émotions. Des couplets, attribués à deux des convives, ont été ensuite chantés par M. Baptiste et couverts d'applaudissements : en effet, ils exprimaient la pensée de tous les auditeurs, et le chanteur leur prêtait le charme d'un talent qu'on regrettera longtemps à Feydeau. M. Martin a chanté d'autres couplets qu'on a entendu aussi avec plaisir.
« Au dessert, M. Lesueur s'est levé et a porté le toast suivant : " À Rossini ! Son génie ardent a ouvert une nouvelle route et marqué une nouvelle époque dans l'art musical. "
« M. Rossini a répondu par ce toast : " À l'École française et à la prospérité du Conservatoire ! "
M. Lesueur : " À Gluck ! Riche des ressources de la science allemande, il a saisi l'esprit de la tragédie française, et il en a tracé le modèle. "
M. Garcia : " À Grétry ! Le plus spirituel et l'un des plus chantants d'entre les musiciens français. "
M. Rossini : " À Mozart ! "
M. Boieldieu : " À Méhul ! L'auteur d'*Euphrosine*, et de *Stratonice* : je vois Rossini et l'ombre de Mozart applaudir à ce toast. "
M. Hérold : " À Paisiello ! Ingénieux et pathétique, il a popularisé l'École italienne dans toute l'Europe. "

M. Panseron pour M. Auber : "À Cimarosa ! Il fut le précurseur de Rossini. "

« Après chacun de ces toasts, l'orchestre faisant entendre un fragment du grand maître auquel il était adressé. Il est inutile de parler encore des applaudissements, des bravos, des vivats qui les suivaient. Les dames ayant passé dans un salon voisin pour prendre le café, Talma consentit à déclamer quelques vers. Un jeune artiste a annoncé l'intention de graver une médaille et de la distribuer à ses frais à tous les assistants. Enfin rien n'a manqué à cette fête musicale, la plus remarquable dont on ait mémoire depuis celle qui fut donnée par le Conservatoire à Paisiello.

« Il y régnait la plus franche cordialité. La foule n'y était point la cohue, la gaîté n'y était point du bruit ou du tumulte. M. et Mme Rossini paraissaient vivement émus. On a entendu le héros de la fête répéter plusieurs fois qu'il n'avait jamais reçu nulle part un accueil si touchant, et qu'il en conservera le souvenir toute sa vie. Ceux qui ont pris part à cette réunion ne l'oublieront pas ; les absents regretteront de n'y avoir point assisté. » Légitimes selon les uns, ridicules selon les autres, les fastes de cette soirée ne pouvaient manquer de titiller la verve des échotiers, et, moins de quinze jours plus

Il Signor Tambourassini ou La Nouvelle Mélodie. Lithographie anonyme.

tard, le théâtre du Gymnase affiche un vaudeville-à-propos troussé par Eugène Scribe : *Rossini à Paris ou Le Grand Dîner,* lequel narre justement les préparatifs d'un festin offert par ses admirateurs au maestro débarquant incognito à Paris. Mais à la suite d'un quiproquo, c'est un jeune compositeur obscur et épris de musique française qui recevra les faveurs de l'aubergiste dilettante et de ses complices.

« TROMBONINI

Voilà le seul homme chez qui j'aime à dîner !… Un cuisinier mélomane !… Admirateur de Rossini !

BIFFTEAKINI

De Rossini presque fanatique, J'aime à chanter ses airs et ses rondeaux Tous ses finals ont un pouvoir magique Leur souvenir me suit jusqu'aux fourneaux Maître divin ! Ah ! combien tu me touches ! Humble traiteur, j'admire ton talent Et je l'envie en un point seulement

C'est que ton nom remplisse toutes les bouches Et que mon art n'en peut pas faire autant. Et qu'est-ce qui a eu l'idée de dîner… C'est moi ! Je vous ai dit, messieurs, comment le flatter ? En lui donnant un dîner ! Qu'est-ce qui flatte les grandes réputations ?

« *Rossini, l'imagination un peu échauffée, mit bas son habit,*
à l'exemple des autres conviés, s'assit à terre, et,
dans cette posture peu académique, faisant un effort pour
appuyer ses doigts sur le clavier du piano,
il accompagna et chanta tout à la fois pendant deux heures
les principaux morceaux de ses opéras. »

C'est un dîner ! Souvent même qu'est-ce
qui les fait ? C'est un dîner !

TROTTFORT

Un instant ! Il y a moins d'exécutants
que vous ne pensez !

BIFFTEAKINI

Ah ! mon Dieu ! Combien en manque-t-il ?

TROTTFORT

Une soixantaine !

BIFFTEAKINI

Une soixantaine !... Les barbares !... Ça
dérange tout un morceau d'ensemble !
Madeleine !... Madeleine !...

MADELEINE

Qu'est-ce que c'est... Mon père !

BIFFTEAKINI

Changement de mesure !... Ôte soixante
couverts !... Qu'on dise encore que Paris
est l'asile des beaux-arts ! J'en suis
honteux pour mes compariotes !
Ôte cent vingt bouteilles !

MADELEINE

Pourquoi donc ?

BIFFTEAKINI

Pourquoi donc ! Je te le
dis, soixante musiciens
de moins. Ôte cent vingt
bouteilles... Deux par tête,
ce n'est pas trop !...

MADELEINE

Ah ça, mon père, pourquoi
tout ce remue-ménage ?

BIFFTEAKINI

Pourquoi ? Je ne veux pas
seulement te le dire ; elle

Ci-contre :
« Les Dilettanti
à l'opera buffa ».
Lithographie
coloriée anonyme,
1822.

« Ovation faite
à Rossini au
théâtre Impériale
de l'Opéra ».
Illustration de
N. Lambert, 1864.

ne comprendrait pas ! Croiriez-vous,
monsieur, que j'ai fait tout au monde
pour cet enfant-là ! Je me suis même
ruiné pour lui donner une éducation
au-dessus de son état... Je l'ai mise
pendant trois mois cuisinière chez un
professeur du Conservatoire. Eh bien !
Elle n'a jamais mordu à la musique...
Elle n'est bonne qu'à la cuisine !

MADELEINE

J'y suis née, je veux y rester !

BIFFTEAKINI

Vous l'entendez ! Il n'y a pas moyen
de l'en faire sortir, après trois mois
de solfège, elle a plus vite fait une sauce
qu'une roulade !... »
Tout finira pourtant par s'arranger,
et les convives par déguster sans rancune
un potage Rossini mitonné tout exprès.
Beau joueur, Rossini assiste même à la
générale du *Grand Dîner,* le 28 novembre
au Gymnase, donnant par écrit
la permission de le brocarder.
N'en déplaise aux ennemis de l'*Orphée*
ultramontain, Paris est
décidément en appétit.
Rossini se voit même offrir
un siège à l'Académie
des Beaux-Arts et le
gouvernement français
s'offre à régler une lourde
addition pour qu'il daigne
distiller ses recettes
mélodiques au service
de la maison du Roi.

Un jour, Rossini fut invité
chez une riche Parisienne qui, sous un fastueux
décorum, dissimulait une grande avarice ;
et, de fait, le déjeuner avait été aussi chiche que
médiocre. Au moment de prendre congé,
l'hôtesse remercia Rossini en ces termes :
« Je serais heureuse si, avant de quitter Paris,
vous me faisiez l'honneur de déjeuner
une deuxième fois avec moi. » « Bien volontiers,
et même tout de suite, » répondit le maestro.

Et le vilain Petit Canard

devint le Cygne de Pesaro

MATTEI STANISLAO

*Padre Mattei.
Huile sur toile
anonyme.*

*Page 31 : Partition
d'« Armida ».
Portrait de Rossini.
Huile sur toile de
Botelli, 1818.*

« Il avait alors trente et un ans ; il était dans tout l'éclat de sa jeunesse. Sa physionomie était d'une noble et sympathique expression ; son œil vif, fin, pénétrant, vous tenait magnétiquement arrêté devant lui. Son sourire, bienveillant et caustique à la fois, reflétait tout son esprit. La ligne pure de son nez aquilin, son front vaste et proéminent, que sa tête prématurément dénudée laissait entièrement à découvert, l'ovale régulier de sa figure encadrée dans des favoris d'ébène, tout cela formait un type de mâle et séduisante beauté. Il avait une main merveilleusement modelée, et il la montrait avec une sorte de coquetterie à travers sa manchette blanche. Il était vêtu avec simplicité, et il avait, sous ses habits, plus propres qu'élégants, l'allure d'un provincial nouvellement débarqué dans la capitale » (Léon Escudier).

Ce Rastignac jovial, qui, ayant l'Europe à ses pieds, peut alors se targuer d'être le plus célèbre des compositeurs vivants, se souvient-il encore du petit Gioacchino, l'enfant de chœur qui, à six ans, vidait en douce les burettes de vin bénit dans la sacristie de Pesaro ? Et si la fortune n'était là que pour effacer les années de vaches maigres, comme il l'avouera un jour à son confident Michotte ? « J'ai écrit, depuis 1812 jusqu'en 1829, au-delà de quarante partitions. Les opéras que j'ai composés en Italie, dans l'espace de onze ans, m'ont rapporté environ soixante mille francs. Ces gains m'ont heureusement mis à même de pouvoir procurer à mes parents la satisfaction d'avoir à leur table de la viande une fois chaque jour » (*Rossini dans l'intimité*).

Sans doute Rossini force-t-il un peu le trait, car, lorsqu'il vient au monde un certain 29 février 1792 à Pesaro, sur le golfe de Venise, son père, Giuseppe, est un corniste recherché sur toutes les scènes de la région, où son épouse, Anna, met une jolie voix de soprano naturelle au service des seconds rôles. Connu pour son tempérament volcanique et ses opinions bonapartistes, « le Vivazza », tel qu'on surnomme Giuseppe, s'installe après la victoire de Marengo à Lugo, puis à Bologne, où son digne rejeton montre des dispositions musicales époustouflantes, bientôt utilisées pour aider à faire bouillir la marmite familiale. « Sans l'invasion des Français en Italie, je serais probablement devenu pharmacien ou marchand d'huile », avouera-t-il à son biographe Azevedo. À l'âge de douze ans, Gioacchino a déjà tâté du cor, du violon ou du violoncelle,

composé une demi-douzaine de sonates *a quattro,* dirigé quelques répétitions à l'opéra, et possède surtout une belle voix de futur ténor qui incite son oncle à lui faire miroiter une opulente carrière de castrat. Fort heureusement, le sort de Rossini ne sera pas de finir dans la peau d'un gros chapon.

En 1806, il entre dans la classe du père Mattei et signe son premier ouvrage, *Demetrio e Polibio.* Quatre ans plus tard, au sortir du lycée musical, celui que ses condisciples ont affublé du sobriquet de « Tedeschino », en raison de son affection pour Mozart et Haydn, récidive avec la *Cambiale di Matrimonio,* fruit d'un génie déjà presque mûr. Il se jette alors avec boulimie sur l'écriture, ne signant pas moins de six partitions pour la seule année 1812, parmi lesquelles *L'Inganno Felice, La Scala di Seta* et *L'Occasione fa il ladro* au San Moisé de Venise, ainsi qu'une *Pietra del Paragone* qui lui vaudra son premier triomphe à Milan et, mieux encore, une dispense royale l'exemptant de conscription. Ou plutôt, c'est l'Italie toute entière qui se montre boulimique quand Rossini se révèle extraordinairement fécond. À l'époque, « l'Italie déjeunait, dînait et probablement faisait l'amour en musique », souligne lord Derwent ; « l'air en vibrait, la mer, à Venise et à Naples, portait une note sur chacune de ses vagues ». Rossini s'y

plonge avec délectation, lui qui, en bon paresseux, écrit vite, si vite, comme le rapporte Stendhal à propos de la composition de *Il Signor Bruschino,* l'année suivante. « Dans une journée très froide de l'hiver 1813, il se trouvait campé dans une mauvaise chambre d'auberge à Venise, et composait au lit pour ne pas faire de feu. Son duetto terminé, la feuille de papier lui échappe des mains et descend en louvoyant sur le plancher. Rossini la cherche en vain des yeux ; la feuille était allée tomber sous le lit. Il étend le bras hors du lit, et se penche pour tâcher de la saisir ; enfin, prenant du froid, il se renveloppe dans sa couverture et se dit : " Je vais récrire ce duetto, rien de plus facile ; je m'en souviendrai bien ". Mais aucune idée ne lui revient ; il est plus d'un quart d'heure à s'impatienter ; il ne peut se rappeler une note. Enfin, il s'écrie en riant : " Je suis bien dupe ; je vais refaire le duetto.

Que les compositeurs riches aient du feu dans leur chambre, moi je ne me donne pas la peine de ramasser les duetti qui tombent ; d'ailleurs, c'est de mauvaise augure ! ". Comme il achevait le second duetto, arrive un de ses amis à qui il dit : " Pourriez-vous m'avoir un duetto qui doit être sous mon lit ? " L'ami atteint le duetto avec sa canne et le donne à Rossini. " Maintenant, dit Rossini, je vais vous chanter les deux duetti.

Dites-moi celui qui vous plaît le plus. " L'ami du jeune compositeur donne la préférence au premier ; le second était trop rapide et trop vif pour la situation. Rossini en fit, sans perdre de temps, un terzetto pour le même opéra… Le terzetto fini, Rossini s'habille à la hâte, jurant contre le froid, sort avec son ami pour aller se réchauffer au Casin, et prendre un tasse de café ; et il envoie le domestique du Casin porter le duetto et le terzetto au copiste du théâtre San Moisé. » Pour prodigue qu'il soit de son inspiration, Rossini a horreur du gaspillage. Forcé de produire des mélodies à la chaîne, de complaire à telle ou telle diva et de ne pas omettre non plus ces *arias di sorbetto* que le public aime à écouter distraitement en dégustant une glace, Rossini conserve chaque miette tombée de sa table ou… de son lit ! Pressé, il gagne du temps en réchauffant les restes, reservant l'introduction de la *Cambiale di Matrimonio* dans *Adelaide di Borgogna*, l'ouverture de *Aureliano in Palmira* dans *Elisabetta*, puis dans *Le Barbier*, piquant quelques mesures du *Turco in Italia* pour regarnir *Otello*, jusqu'à ce que la vogue lui interdise d'accommoder à nouveau des mélodies que tout le monde a désormais en bouche.

Portrait d'Isabella Colbran. Huile sur toile anonyme.

Ci-contre :
À l'époque, « l'Italie déjeunait, dînait et probablement faisait l'amour en musique », souligne lord Derwent. « Risotto à la moëlle » ; recette en page 154.

Lancé par son passage à la Scala, qui lui ouvre les portes de la Fenice et du San Carlo, Rossini va rapidement devenir célèbre. À commencer par *Tancredi*, créé à Venise en 1813. Sur l'air du seul *Di tanti palpiti*, le nom de Rossini va courir sur toutes les lèvres d'Europe.

Un air minute encore, puisque écrit sur un coin de table tandis que la *cameriere* lui préparait son riz, ce qui lui valut le titre d'*aria del risi !* Quelques mois plus tard, nouveau succès avec *L'Italienne à Alger*, qui brûle les planches du San Benedetto. Toute la sérénissime se rit des mésaventures du grand Papatacci, alias « Bouffe et tais-toi » ! Puis vient 1815 et la consécration. Naples lui fait un pont d'or en la personne de Domenico Barbaja, l'impresario du San Carlo, dont le flair est réputé pour ne pas s'encombrer de scrupules. Milanais d'origine, garçon de café à ses débuts, Barbaja avait inventé une crème mêlant chocolat et moka à laquelle il donna son nom. En retour, il amassa une petite fortune qu'il fit fructifier en installant des tables de jeu à la Scala. Régnant désormais sur l'opéra napolitain, Barbaja veut à tout prix s'attacher Rossini et s'offre même à l'héberger chez lui. « Il m'aurait confié sa cuisine s'il l'avait pu », commente Rossini. Sa cuisine non,

mais sa maîtresse et prima donna sûrement, la belle Isabella Colbran, la future madame Rossini, qui ouvre le ban en *Elisabetta regina d'Inghilterra*, opéra immédiatement porté aux nues. Mais c'est aussi le temps des premiers « fours », celui de *Sigismondo* à Venise, ou de *Dorliska* à Rome, des fiascos que Rossini prend l'habitude d'annoncer à sa mère en dessinant sur ses lettres une petite bouteille, un *fiaschino*. Au soir de l'échec cuisant de *Dorliska*, le coiffeur qui rase Rossini le salue chaleureusement en ces termes : « Au revoir, nous nous retrouverons au théâtre, je suis la première clarinette. » Et, de retour à Rome l'année suivante, c'est un Rossini échaudé qui se méfie de tous les *Figaro* pour son propre *Barbier*. Il compose son chef-d'œuvre en moins de quinze jours, cloîtré chez lui, refusant même de se faire la barbe. « Si je m'étais rasé, je serais sorti… Et si j'étais sorti, l'inspiration serait sortie avec moi. » La création n'en sera pas moins un légendaire fiasco, car tout se conjugua contre Rossini. À la cabale montée par les sectateurs de Paisiello s'ajoutent les miaulements du public de l'Argentina en voyant un chat traverser la scène, sans parler du Bazile qui s'étale en entrant ou d'Almaviva qui casse une

Ci-contre :

« Tu dois prendre de l'huile de Provence, à laquelle tu ajouteras de la moutarde anglaise, puis tu devras ajouter une bonne truffe coupée. »

Isabella Colbran au piano. Huile sur toile anonyme.

corde de sa guitare en pleine sérénade. L'ouvrage ne sera d'ailleurs guère plus du goût de Stendhal. « Quant au *Barbier*, faites bouillir quatre opéras de Cimarosa et deux de Paisiello avec une symphonie de Beethoven, mettez le tout en mesures vives, peu de croches, beaucoup de triples croches et vous avez le *Barbier* qui n'est pas digne de dénouer les cordons de *Sigillara*, de *Tancredi* et de *L'Italiana* » (lettre à Mareste, avril 1820). S'étant fait porter pâle dès le lendemain de la première, Rossini n'assiste pas au revirement spectaculaire des Romains à la seconde, mais il se félicite toutefois de ce juste retour de gloire dans une lettre à la Colbran, qu'il achève pourtant sur d'autres préoccupations plus essentielles : « Mon *Barbier* gagne de jour en jour. Le soir, il n'y en a dans les rues que pour la sérénade d'Almaviva. L'aria de *Figaro largo al factotum* est devenue le cheval de bataille de tous les barytons. Les jeunes filles s'endorment en soupirant *Una voce poco fa* et s'éveillent avec *Lindoro mia sarà*. Mais, ce qui m'intéresse bien plus que la musique, chère Angelica, c'est la découverte que je viens de faire d'une nouvelle salade dont je me hâte de t'envoyer la recette… » ; recette qui inspirera les vers d'un poète de Pesaro, Alessandro Procacci :

« Angelica, je porte
à ta connaissance
la découverte que je viens
de faire, ce mois-ci,
d'une salade qui peut avoir
des prétentions
à ne craindre aucune concurrence.
« Tu dois prendre de l'huile
de Provence,
à laquelle tu ajouteras de
la moutarde anglaise,
quelques gouttes de vinaigre français,
de l'huile, du poivre, de la laitue
et, avec prudence,
du jus de citron.
Puis du devras ajouter une bonne
truffe coupée,
le tout devant être bien battu et travaillé.
« Notre cardinal, qui a goûté
ce plat particulièrement extraordinaire,
m'a envoyé sa bénédiction. »
Quant à la renommée universelle du
Barbier, elle prendra la forme, à Paris, de
petits gâteaux ronds à la pâte feuilletée
fourrée aux fruits baptisés « figaros » et
attribués au grand maître queux Carême.
Rossini, lui, est déjà reparti pour Naples,
où l'attend un nouveau *fiaschino*,
La Gazetta, et une petite révolution avec
son *Otello*. À peine *Le Maure de Venise*
expédié, il file à Rome inscrire la
citrouille de Cendrillon au menu de
l'opéra-bouffe. Après un lever de rideau
une fois de plus orageux, les Romains
rendent les armes, *La Cenerentola*

Giuditta Pasta
en costume de
Desdémone
d'« Otello ».
Lithographie
d'Aubry-Lecomte,
d'après Gérard,
1830.

a trouvé public à son pied. C'est
sur la route de la Ville éternelle,
le 9 janvier 1817, qu'un certain
Henri Beyle croise, si l'on en
croit, son chemin. « À Terracine,
dans l'auberge superbe bâtie par
Pie VI, l'on me propose de souper
avec les voyageurs qui arrivent de
Naples. Je distingue, parmi sept à huit
personnes, un très bel homme blond, un
peu chauve, de trente à trente-deux ans.
Je lui demande des nouvelles de Naples,
et, surtout, de la musique : il me répond
par des idées nettes et brillantes. Je lui
demande si j'ai l'espoir de voir encore
à Naples l'*Otello* de Rossini : il répond en
souriant. Je lui dis qu'à mes yeux Rossini
est l'espoir de l'école d'Italie ; c'est
le seul homme qui soit né avec du génie,
et il fonde ses succès, non sur la richesse
des accompagnements, mais sur
la beauté des chants. Je vois chez mon
homme une nuance d'embarras ; les
compagnons de voyage sourient ; enfin,
c'est Rossini lui-même. Heureusement,
et par un grand hasard, je n'ai pas parlé
de la paresse de ce beau génie.
« Il me dit que Naples veut une autre
musique que Rome ; et Rome, une autre
musique que Milan. Ils sont si peu payés.
Il faut courir sans cesse d'un bout de
l'Italie à l'autre, et le plus bel opéra
ne leur rapporte pas mille francs.
Il me dit que son *Otello* n'a réussi
qu'à moitié, qu'il va à Rome faire une

Quant à la renommée universelle du « Barbier »,
elle prendra la forme, à Paris,
de petits gâteaux ronds à la pâte feuilletée fourrée
aux fruits baptisés « figaros »
et attribués au grand maître queux Carême.

Milanais d'origine, garçon de café
à ses débuts, Barbaja avait inventé une crème
mêlant chocolat et moka à laquelle
il donna son nom.

Cenerentola et, de là, à Milan, pour composer *La Pie voleuse* à la Scala.

« Ce pauvre homme de génie m'intéresse, non qu'il ne soit très gai et assez heureux ; mais quelle pitié qu'il ne se trouve pas dans ce malheureux pays un souverain pour lui faire pension de deux mille écus, et le mettre à même d'attendre l'heure de l'inspiration pour écrire ! Comment avoir le courage de lui reprocher de faire un opéra en quinze jours ? Il écrit sur une mauvaise table d'auberge, au bruit de la cuisine, et avec l'encre boueuse qu'on lui apporte dans un vieux pot de pommade…

« Nous restons à reprendre le thé jusqu'à minuit passé : c'est la plus aimable de mes soirées d'Italie… » Une page de roman, plus qu'un témoignage, car Rossini niera toujours avoir adressé la parole à Stendhal : « Je ne voulais rien avoir à faire avec un tel menteur. » Il faut dire que Stendhal a parfois la dent dure. « Rossini a fait cinq opéras qu'il copie toujours ? *La Gazza* est une tentative pour sortir du cercle. Je verrai ». À la Scala, les Milanais, quant à eux, ovationnent d'emblée *La Pie voleuse*, tout comme les Napolitains applaudissent, fin 1817, l'*Armida*, enthousiasme cette fois partagé par l'auteur de *La Chartreuse de Parme* : « Rossini a fait

Teatro alla Scala de Milan. Gravure anonyme.

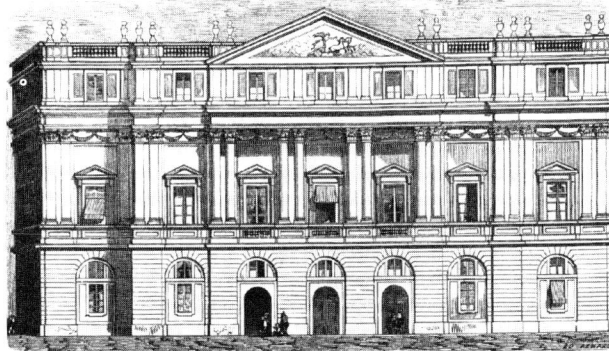

dans *Armide* un duo qui vous fera bander d'amour pendant dix jours. Si votre vessie vous le permet, entendez cela » (à Mareste, 9 avril 1819).

Puis, retour à Rome, d'où Rossini dessine – c'est maintenant presque une tradition – une petite bouteille étiquetée *Adelaide di Borgogna*, dont l'amertume sera bien vite effacée par le miracle de *Mosè in Egitto*, à Naples, en 1818, certainement le plus beau triomphe de sa carrière, et ce malgré l'absence de « La Prière des Hébreux », qui ne sera ajoutée qu'à la reprise l'année suivante. Rossini cesse d'être considéré comme un amuseur de talent. Il s'enrichit, prend du ventre, ralentit son rythme de production et devient moins volage. « J'ai vu Rossini hier à son arrivée, écrit Stendhal, il aura vingt-huit ans au mois d'avril ; il veut cesser de travailler à trente ans. Il est avare et n'avait pas le sou il y a quatre ans. Il vient de placer cent mille francs chez Barbaja à sept et demi par an. Il a mille francs par mois comme directeur despote du San Carlo… En outre, Rossini a quatre mille francs pour chaque opéra qu'il fait, et on lui en demande tant qu'il peut en faire. Sa *Donna del Lago*, sujet de Walter Scott, a eu le plus grand succès [encore que sifflée à la première, et acclamée par le suite].

Barbaja entretient ce grand homme, il lui donne gratis carosse, table, logement et amica. La divine Colbran, qui n'a, je crois, que quarante ou cinquante ans, fait les délices du prince Jablonowski, du millionnaire Barbaja et du maestro » (à Mareste, 2 novembre 1819).
En 1820, une seule création, *Maometto II* au San Carlo, si l'on excepte la *Messa di gloria*, écrite elle aussi pour Naples. Le maestro s'économise de plus en plus, tout en prospérant au propre comme au figuré, et Stendhal ne ménage plus son ex-idole. « Considérez Rossini comme éteint, il mange comme trois ogres et est gros comme Nourrit de l'Opéra, auquel il ressemble. Il branle ferme Mlle Chomel, car, pour f., il fait fiasco » (juillet 1820). « Rossini ne fait que se répéter ; il est énorme, mange vingt bifteacks par jour, se fait s.c.r. par la Chaumel, enf. la Colbran, en un mot un porc dégoûtant » (décembre 1820). Ce soit-disant vieillard de vingt-neuf ans trouvera cependant la force de se venger d'un public romain qui, fidèle à lui-même, s'apprête à siffler sa *Matilde di Sabran*, en leur jouant avec son compère Paganini un tour à sa manière grimé en chanteur des rues.
« Rossini et Paganini, qui constituaient l'orchestre et pinçaient deux guitares, s'habillèrent en femme.

Théâtre de La Fenice à Venise. Lithographie anonyme.

Rossini bourra ses contours déjà amples de paquets d'étoupe et perdit tout aspect humain. Paganini, long comme une potence, avec son visage en manche de violon, paraissait deux fois plus desséché et plus étiré qu'à l'ordinaire. Je n'invente rien : nous fîmes fureur ; d'abord dans deux ou trois maisons où nous allâmes chanter, puis au Corso, et enfin aux fêtes nocturnes » (Azeglio). Enfin un succès à Rome !
Celui de *Zelmira*, un an plus tard, au San Carlo, marque la fin du contrat qui le lie à Naples. Rossini en profite pour en signer un autre, de mariage cette fois, avec Isabella Colbran, beauté toujours imposante malgré ses trente-sept ans, mais diva sur le déclin. Ensemble, ils se rendent à Vienne, où Barbaja, qui n'entend pas renoncer aux œuvres de Rossini, vient de transporter ses pénates. Acclamé par le public du Kärtnerthortheater, fêté en grande pompe par ses admirateurs, jalousé par un Weber qui se fait l'apôtre de la musique allemande, Rossini devra surtout affronter le jugement de son cher Beethoven, dont il parvient à forcer tant la retraite que la surdité : « Ah ! Rossini, c'est vous l'auteur *del Barbiere di Siviglia* ? Je vous en félicite ; c'est un excellent *opera buffa* ;

À peine « Le Maure de Venise »
expédié, Rossini file à Rome inscrire la citrouille
de Cendrillon au menu de l'opéra-bouffe.

je l'ai lu avec plaisir et m'en suis réjoui. Tant qu'il existera un opéra italien, on le jouera. Ne cherchez jamais à faire autre chose que l'opéra buffa ; ce serait forcer votre destinée que de vouloir réussir dans un autre genre. » Et malgré le souvenir qu'il laissera aux Viennois sous la forme de coupe de cheveux à la Rossini, de cravates à la Rossini et, bien sûr, de menus à la Rossini, le voilà renvoyé vers sa péninsule natale, vers cette Fenice qui avait vu, dix ans auparavant, sa consécration définitive, et d'où il va lancer son chant d'adieu à l'Italie. Rossini a trente ans. Comme promis, il prend sa retraite, et Mme Rossini aussi à l'occasion, avec Semiramide, le dernier grand rôle de la Colbran. En fait, il lâche des fourneaux, ceux de Naples notamment, qui avaient mitonné tant de chefs-d'œuvre, au point de créer un nouveau goût, le rossinisme, sur la carte lyrique.

La France le tente sur la voie royale du succès, mais l'Angleteterre sera la plus rapide. Après le bref séjour de 1823 à Paris, et la promesse de revenir s'y établir, les époux Rossini s'embarquent pour le Royaume-Uni, où le compositeur, reçu comme un prince, déclenche une nouvelle « Vogue Rossini ». « Aussitôt après l'arrivée de Rossini dans la capitale de l'Angleterre,

Ci-contre :
Maria Malibran en costume de Desdémone. Huile sur toile de Decaisne, 1830.

le roi envoya un de ses gentilshommes de la chambre pour s'informer de sa santé, et lui faire demander quand il pourrait venir le voir. Rossini, qui avait été très malade dans le trajet de Calais à Douvres, était dans son lit quand cette visite lui arriva, et il s'excusa de ne pouvoir fixer le jour où il pourrait accepter l'honneur insigne que le roi daignait lui faire. L'indisposition de Rossini se prolongea pendant six jours, et le roi d'Angleterre envoya pendant six jours son chambellan de service pour avoir de ses nouvelles. Rossini, se trouvant rétabli, se rendit au château. Le roi alla au-devant de lui et, lui prenant affectueusement la main, l'introduisit dans son cabinet. Rossini eut l'honneur de dîner en tête à tête avec sa Majesté. Plusieurs membres du Parlement lui donnèrent un banquet splendide de cinq cents couverts. Après le repas, on pria Rossini de chanter un morceau d'*Otello* ; il l'exécuta avec une précision, un goût, une expression admirables. Les convives le prièrent d'accepter un présent de deux cent mille livres sterling » (Léon Escudier). C'est là des manières qui auraient pu retenir Rossini sur son sol natal, si tant est que les Italiens s'en soient souciés, ou le fixer dans la généreuse Albion, mais Louis XVIII lui avait déjà fait des offres autrement plus alléchantes.

Œnologue respecté, expert dans l'art
de marier les vins aux aliments, Rossini était
intarissable dès lors qu'il s'agissait
de conserver le précieux breuvage.
« Laissez reposer le vin huit jours, ensuite mettez-le
en bouteilles et qu'il y ait deux doigts
de distance entre le bouchon et le vin, car cet air
est nécessaire. Quand seront arrivés de Venise
les quatre tonneaux, vous les mettrez dans
la meilleure cave et la moins humide,
et vous laisserez reposer le vin huit à dix jours avant
de faire l'opération susdite pour le mettre en
bouteilles. Faites aussi attention en l'embouteillant
à la fin du tonneau, qu'il y a toujours deux ou trois
bouteilles de vin plus trouble. Avant de mettre
définitivement en bouteilles ces dernières, il faut
les faire passer par un filtre de papier sans colle
et accomplir ainsi le travail…
Vous voyez, cher, cher Vivazza, que pour boire
quelques bouteilles de bon vin il faut dépenser
beaucoup d'argent et se donner un mal infini,
et attendre au moins six mois que le vin se forme
dans les bouteilles… J'ai seulement oublié
de vous dire que les bouchons en liège ont besoin
d'être mouillés avec de l'eau de vie, avant d'être
utilisés, et cela pour une double raison : la première
est qu'il faut humidifier le bouchon pour
qu'il fermât la bouteille, la seconde est qu'il faut
éviter que le bouchon sec ne donne
un mauvais goût au vin, ce qui arrive quelquefois
quand celui-là n'est pas de bonne qualité. »
(À son père, le 26 mars 1834.)

Grandeur et Décadence
de la Vie à Paris

« Vif, généreux, brillant, rapide, chevaleresque, aimant mieux peindre peu profond que s'appesantir ; sa musique, comme sa personne, sont faites pour faire raffoler Paris. » Pour une fois prophète en son pays, Stendhal ne se trompait pas, qui lisait, dès 1818, dans les entrailles du Théâtre-Italien la prééminence à venir de Rossini. Pour se l'attacher, le gouvernement français ne passera pas moins de quatre contrats avec le compositeur de 1824 à 1830, fruits d'âpres négociations entre le représentant du futur Charles X, le vicomte de La Rochefoucauld et le très intéressé signor Rossini, traités qui vaudront à ce dernier, outre une véritable rente de situation alliant commandes, pensions et soirées à son propre bénéfice, le titre envié de directeur des Italiens, puis celui, plus honorifique, de compositeur du roi et d'inspecteur général du chant. Dès lors, c'est toute la vie musicale qui va se mettre au diapason rossinien. D'aucuns murmurent d'ailleurs que la frénésie, bousculant les frontières, a même gagné le Nouveau Monde et que les religieuses péruviennes d'Arequipa ne chantent pour tout cantique que du Rossini. En attendant, partout dans Paris, on trinque et l'on festoie à la santé de l'auteur du *Siège*

Page 55 : Partition de « Guillaume Tell ». Portrait de Rossini.

Rossini, charge de J. P. d'Autan.

de Corinthe, jusqu'aux marmitons qui poussent d'enthousiastes « Vive Rossini ! » derrrière leurs fourneaux. Rossini s'installe au 10, boulevard Montmartre, un quartier auquel il restera toujours fidèle, juste en dessous de l'appartement de Boieldieu, qui lui tourne ainsi son compliment : « Souvenez-vous que je ne suis jamais au-dessus de vous que quand je vais me coucher. » Rossini lui rendra la politesse un soir de décembre 1825, alors qu'une foule serrée venait fêter l'auteur comblé de *La Dame Blanche*, en ces termes : « Mais, mon cher Boieldieu, jamais tout ce monde ne pourra tenir chez vous ! Si vous le permettez, je vais faire entrer chez moi ; je mets ma terrasse à votre disposition. » Parfait amphitryon, Rossini ne rechigne pas à pousser la chansonnette dans les dîners en ville. Ainsi, un soir, chez son compatriote Carafa, son interprétation de la cavatine de *Figaro* marquera le début d'une longue amitié avec Auber. « Je n'oublierai jamais l'effet produit par cette exécution foudroyante. Rossini avait une fort belle voix de baryton, et il chantait sa musique avec un esprit et une verve dont n'approchèrent, dans ce rôle, ni Pellegrini, ni Galli, ni Lablache. Quant à son art d'accompagner, il était merveilleux ; ce n'était point

« Un jour en compagnie du sculpteur Bartolini, Rossini était en train
de mettre religieusement en carafe un certain vin des Canaries.
Mais la conversation venant sur l'art, ils s'emportèrent tous deux et Bartolini
dans un geste aveugle envoya choir le précieux récipient trois pas plus loin.
Ils se turent aussitôt, se regardant avec terreur,
et leur peine n'aurait pas été plus grande si le sculpteur avait fendu un buste ou
le maestro brûlé une symphonie. » (Ferdinando Martini)

Scène de
« Guillaume Tell ».
Aquarelle de J. C.
Schoeller, 1830.

Ci-contre :
« Spaghetti aux
truffes noires » ;
recette en page 160.

sur un clavier, mais sur un orchestre que semblaient galoper les mains vertigineuses du pianiste. Quand il eut fini, je regardai machinalement les touches d'ivoire ; il me semblait les voir fumer ! En rentrant chez moi, j'avais grande envie de jeter mes partitions au feu : cela les réchauffera peut-être, me disais-je avec découragement. Et puis à quoi bon faire de la musique, quand on n'en sait pas faire comme Rossini ? » Pourtant, l'harmonie est toujours loin de régner autour du signor Crescendo. Rossinistes et antidilettantes continuent de s'entre-déchirer par pamphlets interposés. Les premiers plaident en faveur de l'inexorable progrès, brocardant leurs adversaires comme des hommes « qui trouvèrent pendant quelque temps l'imprimerie un moyen incommode de multiplier les livres… Aujourd'hui, ils veulent proscrire la musique de Rossini » (*La Pandore*, novembre 1823). Les autres se veulent du parti de la raison. « Tout le monde sait avec quels transports cette foule de badauds dilettanti, dont les deux tiers ne connaissent pas une note de musique, ont appris l'arrivée à Paris de l'auteur de *Il Barbiere di Siviglia*, d'*Otello*, de *Tancredi*, etc. Vers, couronnes, fêtes, repas, on a tout

prodigué à ce brillant compositeur. Dans leur enthousiasme niais, ces dilettanti de hasard ont oublié que nous avions des compositeurs français qui ont aussi des droits à notre admiration » (*Gazette de France*, décembre 1823). Et de se moquer des us des Italiens, où, comme l'affirme un journaliste, « deux adversaires se sont disputés en duel la dernière stalle d'orchestre disponible. Ils sont morts tous les deux : un troisième l'a eue ». On se gausse de ces Bouffes où toute la ménagerie *fashionable* s'écrase, à l'image de la terrasse sur les boulevards du glacier Tortoni, qui se refuse à ajouter des tables de peur de ne plus les voir prises d'assaut. Aux Italiens, s'il est de bon ton de placer *Semiramide* au-dessus de tout, il serait inconvenant de crier *bravo* à la manière d'un barbare de l'Opéra, au lieu de *brava*, pour saluer les vocalises d'une diva. Les artistes eux-mêmes en rajoutent au chapitre des faits d'armes du bel canto où la musique de Rossini ne sert bien souvent qu'à rompre de nouvelles lances. Et tout Paris de commenter la rivalité entre la Malibran et Henriette Sontag, l'outrecuidance d'une Rosine Stolz capable de dévorer un plat de macaroni sur la scène de l'Opéra afin de

ridiculiser une rivale, le duel du ténor Lafont avec un journaliste du *Courrier des théâtres* ou le suicide de Nourrit devant les contre-ut et autres si bémol de Duprez. « Le nombre des chanteurs exterminés par cette note est incalculable. Dernièrement encore, la *Gazette d'Augsbourg* citait un ténor qui avait disparu dans le lac de Genève après une représentation de *Guillaume Tell*, et, bien que cette feuille n'indiquât pas le motif du suicide, on pouvait affirmer sans crainte que l'artiste n'avait eu recours à cette fin tragique et désespérée qu'après avoir manqué son si bémol. Ajoutons que ce ténor était père de famille, qu'il avait une femme et quatre enfants excessivement jeunes. Maintenant, supposez un fait semblable toutes les années depuis la création de *Guillaume Tell* en 1828, et vous aurez les résultats suivants : ténors détruits, 13 ; veuves sans ressources, 13 ; orphelins dénués de tout, 52 ; créanciers des susdits ténors, artistes, machinistes, luminaristes, musiciens, costumiers, limonadiers, débitants de tabac lésés, froissés, renversés et mis sur le pavé par suite des diverses catastrophes provenant du si bémol, 300 chaque année : 3 900. Total des victimes jusqu'à ce jour, 3 978. Après cela, qu'on vienne nous parler

Rossini. Caricature de Benjamin.

encore de la tyrannie de Gessler ! » (*Le Ménestrel*, juillet 1841). Quant au maestro lui-même, il est confortablement installé, trop confortablement selon *Le Courrier des Théâtres*, qui fustige sa paresse en multipliant les petits entrefilets fielleux du type : « M. Rossini a touché son mois de février » (4 mars 1825), suivi, le lendemain, de celui-ci : « Dans 27 jours, M. Rossini touchera son mois de mars », seul souci apparent de cet oisif insouciant qui se contente d'afficher deux soirs sur trois aux Italiens la reprise de l'un de ses succès. Payé pour écrire, chargé de débusquer de nouveaux talents, Rossini accumule en fait dans le tiroir de son bureau, salle Louvois, les factures de victuailles pour lui et de colifichets pour son épouse, les mots doux de quelque bonne amie lui enjoignant de se munir de son bonnet de coton pour venir la visiter et les recettes de cuisine. La seule œuvre que Rossini daignera écrire pour son Théâtre des Italiens sera de circonstance, dictée par le sacre de Charles X à Reims en 1825, *Il Viaggio a Reims*. En fait, une contre-attaque en règle, histoire de prouver à ses détracteurs ce dont il est encore capable en matière de virtuosité désopilante. Ceux qui attendaient une cantate hagiographique en seront pour leurs frais. Rossini ose une pochade irrévérencieuse et nous conte les mésaventures d'une délégation venue des quatre coins de l'Europe pour assister au couronnement et qui, se retrouvant coincée, faute de voiture, dans une auberge de Plombières, décide d'organiser un grand banquet, véritable concert des nations, où chacun à sa manière chantera les louanges du nouveau roi. Ce dernier recevra l'hommage « les yeux au ciel, comme Didon sur le bûcher », et il faudra toute la diplomatie d'un La Rochefoucauld pour arracher au nouveau souverain une modeste porcelaine de Sèvres en guise de remerciements pour l'auteur. La pièce n'aura droit qu'à trois représentations et ne sera reprise, ironie de l'histoire, que vingt-trois ans plus tard sous le titre de *Irons-nous à Paris ?* *(Andramo a Parigi)* et, ce, pour célébrer la révolution de 1848. Désormais, il ne manque plus au palmarès de Rossini que l'Académie royale de Musique. Mais, pour cela, il lui faut une autre sinécure que les Italiens et le voici, en 1826, bombardé au poste plastronnant de compositeur du roi

avec, en fait, pour seule charge celle de séduire le public de l'Opéra. Prudent, Rossini y parvient dès son coup d'essai en transformant son *Maometto II* en *Siège de Corinthe.* Quelques mois plus tard, il signe un autre *rifacimento* et *Mosè* devient comme par miracle *Moïse.* Puis, réutilisant une bonne moitié de la musique du *Voyage à Reims*, il bâtit, en 1828, un vaudeville, *Le Comte Ory,* où une poignée de paillards déguisés en nonnes tentent de séduire des châtelaines délaissées par leurs croisés de maris, pillant, entre deux alléluias, les caves au passage. D'où un mélange licencieux de beuverie et de libertinage qui n'en reçoit pas moins l'aval de la censure comme des mélomanes de l'Opéra. Mais Rossini se doit encore d'offrir du neuf aux Parisiens, de frapper définitivement les esprits chagrins comme les oreilles amies avec un grand opéra à la française. Partant du principe que c'est souvent dans les vieux livrets qu'on puise la meilleure inspiration, Rossini fixe son choix sur celui tiré par Jouy et Bis d'après le *Guillaume Tell* de Schiller, un texte pour lequel il devra désormais forcer un talent autrefois si facile. La composition

Une loge un jour de spectacle gratuit. Huile sur toile de L. L. Boilly.

prendra presque un an pour atteindre, il est vrai, des proportions colossales – près de six heures de musique –, un record dans le genre. Début 1829, Rossini s'installe à la campagne pour achever au calme ce *Guillaume Tell* chez son ami le banquier Aguado, et prend pension au château de Petit-Bourg dont chaque allée porte le nom de l'un de ses opéras. Financier du roi d'Espagne et anobli pour cela, naturalisé français en 1828 et riche d'une des premières fortunes d'Europe, Aguado va aider Rossini à faire fructifier des biens accumulés entre Naples, Londres et Paris, tout en constituant pour lui l'hôte le plus attentif.

« Le célèbre banquier, qui eut toujours pour les artistes la plus généreuse sympathie, avait pris Rossini en affection. Il le faisait participer à ses opérations financières, ne lui parlant jamais que des bénéfices. C'est ainsi que le compositeur a vu s'augmenter considérablement sa fortune. L'hôtel de M. Aguado était pour ainsi dire le sien. Il y était maître, et y commandait comme il aurait pu le faire dans son propre palais. Rossini faisait la joie de cette maison, où se réunissaient des hommes d'esprit, des littérateurs, des artistes. Le maestro avait pour M. Valentin de Lapelouze,

Vue du magasin Au Siège de Corinthe, rue de la Chaussée-d'Antin à Paris. Gravure de Bertrand, v. 1860.

alors rédacteur du *Courrier Français,* une sincère amitié. M. de Lapelouze jouait de la clarinette, et il en jouait de manière à surprendre tous ceux qui l'entouraient.

Le soir, après le dîner, le bonheur de Rossini consistait à donner une représentation du talent de son ami. Pendant que M. de Lapelouze, armé de son instrument, se lançait dans les variations, le maestro l'accompagnait en frappant du couteau, tantôt sur son assiette et tantôt sur son verre. C'était un charivari des plus grotesques. On devine le fou rire qui accueillait chaque fois cette bouffonnerie musicale, à laquelle, du reste, se prêtait fort sérieusement le spirituel journaliste. Rossini, enchanté du talent de son virtuose favori, écrivit expressément pour lui un solo de clarinette, que M. de Lapelouze montre encore aujourd'hui avec orgueil. La première page est, à elle seule, un monument ; on y lit ce titre, écrit de la main même de Rossini : Solo de clarinette/ spécialement écrit pour son ami/ M. de Lapelouze,/ 1re clarinette solo des Noces et Festins du célèbre banquier/ Aguado/ Marquis de las Marismas (Marquis des Marais salés) » (Léon Escudier).

Est-ce Aguado qui lui souffle de renégocier son contrat au moment même où les répétitions de *Guillaume Tell* commencent à l'Opéra ? Toujours est-il que Rossini obtient de la Maison du Roi l'engagement d'écrire cinq opéras sur la décennie à venir au prix de quinze mille francs l'unité, et surtout une rente à vie de six mille francs l'an, et ce, qu'il compose ou non. Une fois réglée la question financière, les répétitions s'interrompent à nouveau en raison de la grossesse, puis d'un enrouement persistant de Laure Cinti Damoreau, créatrice du rôle de Mathilde. Et ce n'est finalement que le 3 août que le rideau se lève sur un *Guillaume Tell* ramené par son auteur à des dimensions moins préwagneriennes que voulues. Malgré ces coupures, dont certaines encore à venir au fil des représentations, Rossini offre une petite leçon d'humilité aux Parisiens. Les dilettanti s'estiment trahis, les intégristes de l'Académie royale se voient obligés de faire amende honorable, tandis que le bon public reste, quant à lui, abasourdi, n'osant avouer son ennui devant la durée du chef-d'œuvre de celui que tous estiment

Les lunettes dont se servait Rossini à Paris, posées sur son livret personnel de « Moïse ».

le plus grand des musiciens vivants… Et bon vivant par ailleurs puisque Rossini fait la même année son entrée solennelle dans *L'Almanach des gourmands*, qui sait, peut-être pour avoir dégusté au soir de la première de *Guillaume Tell* les chaussons de sa ballerine la Taglioni ? Chaussons que ses admirateurs dégustaient religieusement, comme lors d'une réception du prince Orloff à Saint-Pétersbourg, où l'on en servit un haché-menu en chaud-froid. Quoi qu'il en soit, c'est bel et bien un succès et, de plus, durable. Vingt ans seulement sépareront la sérénade donnée sous les fenêtres du compositeur au soir de la première de celle offerte pour la 500e. Les morceaux choisis entrent au répertoire des intérieurs bourgeois où l'on déguste avec ferveur une « tarte à la Guillaume Tell » avec arbalète, pomme et flèche obligées, le tout en sucre glace et attribué au célèbre Carême, le cuisinier des Rothschild à la table desquels Rossini ne se rendait jamais sans passer d'abord à l'office pour y saluer le maître queux. D'aucuns prétendirent même que Rossini fut l'élève de Carême, Carême qui lui dédia un pâté de gibier et rapportait en

Les morceaux choisis entrent au répertoire
des intérieurs bourgeois où l'on déguste
avec ferveur une « tarte à la Guillaume Tell »
avec arbalète, pomme et flèche obligées,
le tout en sucre glace et attribué au célèbre Carême.
Recette en page 183.

En attendant, Rossini se retire dans les combles
de la Salle Favart, cette Comédie-Italienne
où, il y a peu, il régnait encore en maître, et où
il joue désormais les pauvres martyrs,
une ruse de commediante !

confidence que le musicien, sollicité pour se rendre aux États-Unis, n'aurait accepté qu'à la seule condition d'y séjourner avec lui. Malgré tout, la victoire de *Guillaume Tell* garde pour Rossini un petit goût amer. Paris l'honore, d'une « admiration immense, mais sous la condition qu'on ne le jouera pas », ironise Stendhal. Les mélomanes n'hésitent pas à lui préférer Meyerbeer, quand, sous le ciel de Catane, se lève l'astre d'un jeune Pirate, ce Bellini qu'il salue ainsi quelques jours après la création de *Guillaume Tell* : « J'ai compris, dans vos opéras, que vous commencez là où les autres se sont arrêtés. » S'arrêter, Rossini y pense vraiment cette fois. Il l'a d'ailleurs promis à son père Giuseppe : « Gioacchino m'a donné sa parole qu'en 1830 il veut se retirer de tout, lui aussi, voulant jouir de la vie et jouer au grand seigneur, et laisser écrire ceux qui le veulent, car il a assez travaillé – fasse le ciel que cela arrive, c'est ce que je souhaite de tout cœur. » Fatigué, malade, dépressif, séparé d'Isabella Colbran qu'il a laissée à Bologne, Rossini songe, dit-on, à un *Faust* dont il cherche le livret, quand, en 1830,

« Ils admiraient les beautés de la nature. M. Aguado grignotait du chocolat, Rossini mangeait des pâtisseries. »

tout bascule avec la monarchie de Juillet. Louis-Philippe suspend la pension viagère que Charles X lui avait accordée et s'ouvre alors pour le musicien un long procès contre l'administration royale. En attendant, Rossini se retire dans les combles de la Salle Favart, cette Comédie-Italienne où, il y a peu, il régnait encore en maître, et où il joue désormais les pauvres martyrs, une ruse de *commediante* ! C'est pourtant dans ce décor ostensiblement indigne de sa notoriété qu'il continue à traiter des hôtes de marque tel que l'empereur dom Pedro du Brésil. Il n'hésite pas d'ailleurs à quitter sa mansarde pour les soirées de la comtesse Merlin dont il demeure un habitué fidèle. « Il y a eu concert chez Mme Merlin vendredi 7 janvier. La réunion a été, comme chaque année, composée du plus grand nombre des dilettanti de la haute société parisienne. On va chez Mme Merlin pour y entendre de la bonne musique. Ainsi on y écoute, on y lit sur tous les visages qu'on n'est pas pressé que le concert finisse. Rossini tenait le piano. Mme Merlin, Mme Rimbault, M. Blanchart et Mme de Sparre se sont joints aux artistes du Théâtre Italien, Mme Malibran, MM. David, Lablache et

Donzelli... Mme Merlin a été aussi brillante que toujours ; voix puissante et agile. Beaucoup de belles personnes composaient l'auditoire » (*La Revue de Paris*, 1831). Rossini se réfugie également dans le silence, ne sortant de celui-ci que pour ressasser inlassablement un poème de Métastase, *Mi lagnero tacendo*, dont le texte parle de lui-même : « Je me plaindrais en me taisant. » Seule consolation pour Rossini dans ces années sombres, la présence d'Olympe Pélissier, l'ex-maîtresse du peintre Vernet qui deviendra, à la mort de la Colbran en 1845, sa seconde épouse. En 1832, il lui dédie sa cantate *Giovanna d'Arco*, preuve que celle que Balzac appelait « la plus belle courtisane de Paris » possédait dans l'intimité quelque talent pour le chant, ce qu'atteste une lettre à l'auteur de *Massimila Doni* : « Je vous dirais oui, cher Balzac [...], si je n'avais moi-même ce jour-là un concert et un souper délicats auxquels vous voudrez bien assister, ne devriez-vous être libre qu'à minuit... ; puisque je dois chanter, je désire m'entourer de mes amis. Vous êtes inconcevable d'être à Paris sans me le faire savoir. Gros ou gras, je vous aime toujours pour la sublimité de votre génie ; Voltaire,

Balzac et Rossini sont les trois plus belles conquêtes à faire. » La même année, Rossini abandonne l'écriture d'un *Stabat Mater* qu'il n'avait pas su refuser à l'archidiacre de Madrid, don Francisco Varela, lors d'un voyage en Espagne avec son ami Aguado, une « virée » dont l'orthodoxie laissera un doute à Wagner : « Confortablement installés côte à côte dans une chaise de poste, ils admiraient les beautés de la nature. M. Aguado grignotait du chocolat, Rossini mangeait des pâtisseries. Soudain, il vint à l'esprit de M. Aguado qu'il avait volé ses propres compatriotes dans ses comptes ; par pénitence, il se retira le chocolat de la bouche ; Rossini ne crut pouvoir mieux faire qu'imiter un si bel exemple, il s'arrêta de manger, et s'aperçut qu'il avait consacré dans son existence trop de temps aux pâtisseries. Tous deux tombèrent d'accord qu'il serait conforme à leur disposition d'esprit de se rendre dans le cloître prochain et d'y faire quelque bonne pénitence ; aussitôt dit, aussitôt fait. Le prieur du cloître prochain vint avec bonté au-devant des voyageurs ; il leur présenta une bonne cave, d'excellents lacryma-christi et autres crus, qui réjouirent nos pénitents de façon

extraordinaire. Néanmoins, lorsqu'ils furent dans l'état d'esprit convenable, MM. Aguado et Rossini s'aperçurent qu'ils avaient réellement voulu se livrer à des exercices de pénitence ; sans retard, M. Aguado saisit son portefeuille, en tira quelques banknotes et en fit hommage à l'intelligent abbé. Alors Rossini crut ne pouvoir se dispenser de suivre l'exemple de son ami ; il sortit un volumineux cahier de papier à musique, et ce qu'il écrivit en toute hâte n'était pas moins qu'un *Stabat Mater* tout entier avec grand orchestre ; *Stabat Mater* qu'il offrit à l'excellent prieur. Celui-ci donna l'absolution à l'un et à l'autre, après quoi ils retournèrent prendre place dans leur voiture. » En fait, souffrant, Rossini jette l'éponge après le numéro six seulement, et laisse au directeur musical du Théâtre-Italien, Tadolini, le soin d'achever en son nom l'œuvre qui sera créée le vendredi saint de l'année 1833 à Madrid, sans que quiconque ne soupçonne la supercherie, pas même le bon révérend qui s'éteindra dans l'ignorance en 1837. L'histoire en serait restée là si les héritiers de Varela n'avaient pas eu l'idée de vendre la partition du *Stabat Mater* à l'éditeur Aulagnier. Son honneur en jeu,

Le jeu de cartes
et les lunettes
de Rossini à Paris.

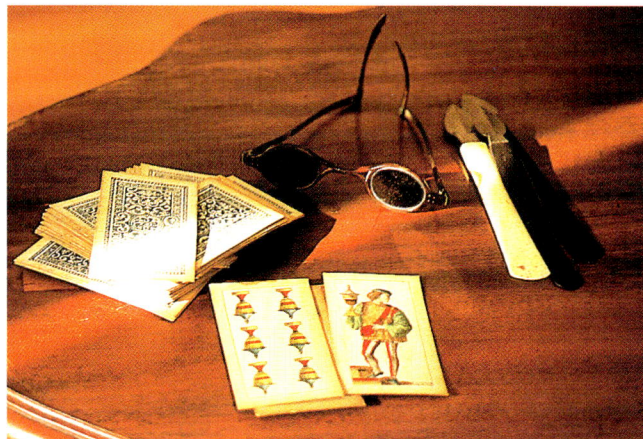

Rossini reprendra la plume afin d'en achever en 1841 la composition, dont il cède les droits à son ami Troupenas, lequel édite ses œuvres depuis *Le Siège de Corinthe*, et considère le compositeur à l'égal d'un dieu. Gautier se souvient : « Comme tout dévôt fervent, Troupenas a dans tous les coins de sa maison l'image de son idole. Nous regardions avant que la musique ouvrît ses ailes d'or dans l'étroit salon, le buste en marbre du maestro, sculpté par Bartolini de Florence en 1830 ; un étrange sourire illumine sa bouche ; ses yeux, son nez ont des angles et des plis narquois, on dirait un Méphistophélès obèse, un aigle empâté de macaroni. Lorsqu'on fit ce portrait, Rossini était à l'apogée de sa gloire. » Cinq ans plus tard, le cygne est définitivement cloué à terre, et Troupenas n'obtient de lui qu'une douzaine d'ariettes réunies à l'enseigne des *Soirées musicales*. D'aucuns espèrent encore un retour à la scène, mais, une fois son procès gagné contre l'administration de Louis-Philippe, Rossini tire le rideau sur son aventure parisienne et quitte la France le 24 octobre 1836, pensant venue pour lui l'heure d'une retraite anticipée comme celle de se mettre au régime.

$\mathcal{L}$a préparation de certains plats revêtait avec
Rossini l'allure d'une véritable cérémonie.
« C'est alors qu'apparut Rossini, qui, avec sa délicate
main grassouillette, saisit une seringue d'argent.
Il la remplit de purée de truffes et,
patiemment, injecta dans chaque rouleau de pâte
cette sauce incomparable. Puis, placés dans
la casserole, comme un enfant dans son berceau,
les macaroni finirent leur cuisson parmi les vapeurs
capiteuses. Rossini resta là, immobile, fasciné,
surveillant son plat favori et écoutant le murmure
de ses chers macaroni comme s'il prêtait l'oreille
aux notes harmonieuses de la *Divine Comédie.* »
(Fulbert Dumonteuil, *Le Macaroni de Rossini.*)
« Gros macaroni farcis au foie gras » ;
recette en page 153.

Recettes Bolognaises

et Querelles Florentines

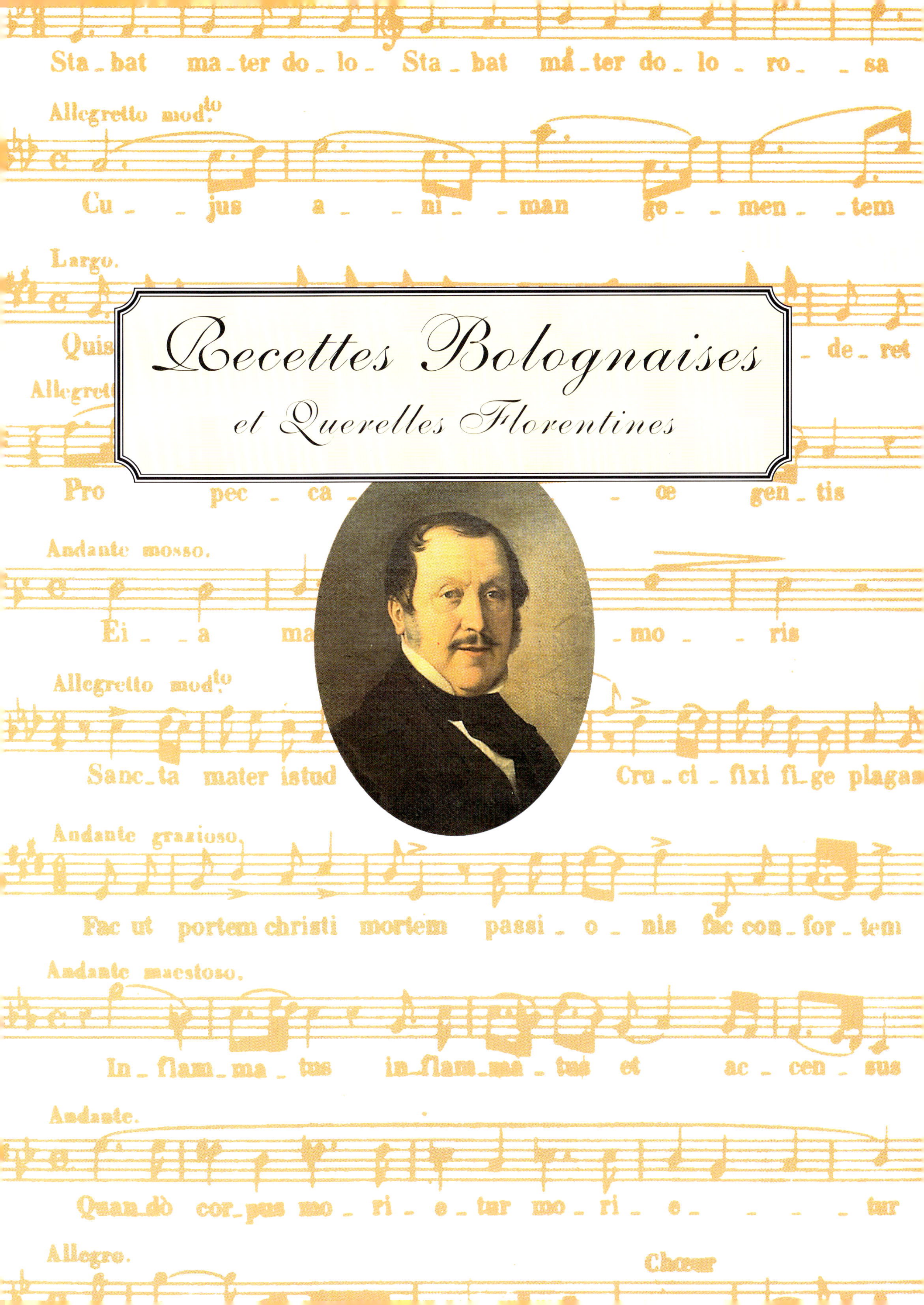

« Vers ce temps-là, il y avait quelque dix ans que Rossini n'avait plus rien fait entendre de lui : il était à Bologne, mangeait des pâtisseries et faisait des testaments […]. »

Telle une vedette abandonnant soudain les planches de la gloire pour le gravier d'un jardin zen, la fuite de Rossini laisse ses pairs dubitatifs, y compris ceux qui, comme Wagner, devraient plutôt être enclins à s'en réjouir. Quant à Stendhal, il continue à brûler celui que, jadis, il a tant adoré : « Rossini s'est fait banquier et fait, dit-on, des scènes à Mlle *** pour la moindre robe » (lettre à Romain Colomb, Florence, 8 octobre 1841). Mais loin d'être ce Sardanapale mâtiné d'Harpagon que d'aucuns se complaisaient à décrire, Rossini ne cherche dans cette campagne d'Italie à rebours qu'un peu de la joie de vivre qui semble s'être étiolée à Paris et que seule pourrait désormais troubler celle que Robert, le directeur des Italiens, surnomme « madame Rabat-joie nº 2 », Olympe Pélissier. « Votre lettre m'a du reste fait d'autant plus de plaisir que je vois que vous êtes en verve plus que jamais et que la partie de la blague, loin de s'être refroidie, s'est retrempée d'une nouvelle ardeur dans ce bienheureux pays de Bologne, patrie

Médaillon représentant Rossini entouré de ses œuvres. Céramique.

Ci-contre : Olympe Pélissier. Huile sur toile attribuée à Horace Vernet, v. 1825.

Page 77 : Partition du « Stabat Mater ». Portrait de Rossini. Huile sur toile anonyme.

par excellence de la Blague et des blagueurs. J'en augure que la partie de la gaieté va mieux que jamais. Aussi je compte bien sur votre amitié pour réconforter et consoler cet essaim de Beautés constantes qui se désespèrent, dites-vous, de mon absence et attendent avec tant d'impatience mon retour. Soyez bon prince, cher maestro. Vous ne savez plus comment les apaiser, dites-vous, et parbleu, avez-vous perdu cette clef que vous me confiiez quand j'étais à Bologne ? Vous savez bien, dans cette rue de … pas loin du Palazzo Guidotti. Conduisez-les les unes après les autres dans cette *casa particolare* et montrez-vous un véritable ami. Mais dépêchez-vous. Car voici Mme Rabat-joie nº 2 qui est en route et une fois arrivée il vous faudra charrier droit. Gare à vous. En vérité, Maestro, je vous admire, mais je ne vous comprends pas. Vous n'êtes pas content d'avoir Mme Rabat-joie nº 1 Légitime à vos trousses, vous faites encore venir de Paris Mme Rabat-joie nº 2, celle-là cent fois plus Rabat-joie et « seccatrice » que l'autre. Mais vous avez donc perdu la tête ! Vous êtes donc l'ennemi de votre repos. Elle est enfin partie le Dimanche gras à une heure après-midi et a débuté par casser sa voiture sur le Pont-Neuf. Aussi cette vieille baraque de calèche était chargée comme la plus lourde diligence. Dieu veuille

qu'elle arrive à bon port, mais je crains bien qu'elle ne se brise à tout moment. On n'a jamais amoncelé tant de caisses et de paquets, surtout du linge de table, chose la plus lourde du monde. J'avais été voir Olympe la veille de son départ et j'avais été épouvanté de l'énorme quantité de choses qu'elle emportait. Il valait bien mieux faire une caisse du plus lourd et l'envoyer par la diligence ou le Routage. Ç'a n'a pas le sens commun [...] » (Robert à Rossini, 1836).

Et pourtant Rossini emmène bien dans ses bagages la « belle à miracles », selon le mot de la comtesse Dash, vers Bologne où, depuis six ans déjà, l'attend la Colbran dont il devra, dès 1837, se séparer officiellement. « L'insistance d'Isabella fut telle que, dès l'arrivée d'Olympe, Rossini dut la conduire à Castesano. Isabella et Olympe firent connaissance, se mesurèrent l'une l'autre et se fréquentèrent quelque temps comme liées par une amitié sincère ; puis tout à coup un léger souffle éteignit ce feu follet ; un jour, elles se séparèrent fâchées et depuis ne se sont jamais revues » (A. Zanolini). Les édiles de la capitale émilienne sauront toutefois lui faire oublier les tracas domestiques en proposant au « *celeberrimo Maestro Cavagliere Rossini* » de devenir le conseiller

Ci-contre :

« Fagottini à la Génoise » : recette en page 157.

« Cygne de Pésaro, lui dit-il, reprenez votre vol, c'est-à-dire votre chaise de poste... Vous êtes triste parce vous déjeunez mal ; vous déjeunez mal parce que vous ne composez plus. »

Brevet de la Légion d'honneur, 7 août 1829.

perpétuel honoraire du Liceo Musicale. Est-ce le fait d'en avoir été l'élève quelque trente ans auparavant ? Toujours est-il que Rossini se met, dès 1840, à réformer l'enseignement de cette institution vieillissante depuis la mort du padre Mattei. Il engage de nouveaux professeurs, tente d'attirer Mercadante et Donizetti pour la composition, et organise des concerts hebdomadaires, tout en entretenant avec certains interprètes, comme le violoncelliste Giovanni Vitali, une correspondance extra-musicale : « La Truffe d'Ascoli m'a ragaillardi et donné de la hardiesse, maintenant je comprends la raison de ta célébrité [...]. Il faut dire que tu nous as joué un vilain tour. Toutes ces espérances, tous ces préparatifs pour t'accueillir, pour fêter noblement ton arrivée ; et puis fiasco... tu es arrivé avec ta générosité habituelle, avec des olives de paix et des truffes de guerre, qui réveillent en nous la douleur en nous remplissant l'estomac, car tu n'étais pas là pour te régaler avec nous [...]. J'étais furieux contre toi, quand je me suis vu remettre deux barils d'olives très rares, lesquels m'ont désarmé... Tiens ! Tu connais bien le cœur humain ; tu sais au bon moment donner les pilules dorées qui guérissent tout malheur [...].

ORDRE ROYAL
DE LA LÉGION D'HONNEUR

Mon délicieux ami, tu finiras par m'enflammer avec tes truffes ; combien de péchés tu as provoqués ! Ça suffit ; suivons notre destin et arrivera ce qui doit arriver ! » Et, ce qui arriva, ce fut une fois de plus la lassitude et l'indifférence. « La musique d'église ! Suis-je un musicien savant ? Grâce à Dieu, je ne me soucie plus de musique », se lamente le maître. Et s'il reprend la plume en 1842 pour achever son *Stabat Mater,* c'est, on l'a vu, par orgueil, à seule fin que sous son nom ne paraisse l'ouvrage d'un autre. Et encore, il confie à ses amis : « Je cherche des motifs mais ne me viennent à l'esprit que pâtés, truffes et choses semblables. » Pour le reste, même son ami Aguado, banquier et commanditaire dudit *Stabat* ne parvient plus à tirer une note de lui, comme en atteste les souvenirs du ténor Duprez : « L'auteur du *Barbier* vivait à Bologne, son pays, occupé de bien manger et de médire spirituellement des Français, contre lesquels il était bien aigri pour deux motifs : la froideur avec laquelle on avait accueilli son *Guillaume Tell,* et le refus fait par la famille d'Orléans de lui continuer la pension de 40 000 francs dont il jouissait sous les princes de Bourbon. Rossini, on le sait, ne haïssait pas l'argent. Son premier grief fut tel, que le succès tardif mais

Liste des prix des élèves du Père Mattei de la classe de Contrepoint, 1806.

éclatant de *Guillaume,* ne décida point le maestro à venir à Paris. Cependant Aguado, marquis de Las Marismas, protecteur passionné de l'Opéra, qu'il soutint parfois de sa bourse, et, de plus, grand ami de Rossini, écrivit à l'illustre auteur de *Guillaume Tell* pour lui demander un de ses chefs-d'œuvre. Il me montra la lettre au moment où il l'envoya. Trois mois après, me trouvant chez lui, je lui demandai s'il n'avait point obtenu de réponse de Rossini. " Je viens de la recevoir ", me répondit le marquis, et il me la communiqua. Voici à peu près ce qu'elle contenait : " Mon cher Marquis, j'ai fait confectionner pour vous la plus belle mortadella et le plus beau saucisson de Bologne qu'on puisse manger. Je vous les envoie. Dites à votre chef de les préparer de telle et telle manière, de les servir à tel moment du repas, de les arroser de tel vin et vous m'en direz de bonnes nouvelles. " Du chef-d'œuvre demandé, Rossini ne soufflait mot. Jamais Aguado n'en obtint autre chose. » À ce même Aguado, auquel Rossini avait demandé de lui faire parvenir certaines sucreries espagnoles, et qui, croyant le flatter, lui avait envoyé les insignes de quelque ordre ibérique dont il venait de l'adouber chevalier, le musicien renvoya le paquet avec ces mots : « Celui-ci est un gâteau trop indigeste, et pour ce qui est des croix, j'en ai déjà assez. » On raconte également qu'il ne pardonna jamais à la reine d'Espagne, Isabelle II, de lui avoir offert un écrin en lieu et place du jambon de Castille qu'il espérait, ou encore, qu'il réprimanda, pour l'avoir décoré, un chambellan du duc de Modène en ces termes : « Je vous ai demandé de la charcuterie, pas des décorations. De celles-ci j'en trouve partout ; la charcuterie au contraire, c'est votre spécialité. » Pour un bon plat, Rossini est même prêt à risquer un pari et apostropha ainsi un ami qui tardait à payer une dette de jeu sous forme de dinde farcie, prétextant la mauvaise qualité des truffes cette année-là : « Eh bien ! Ce sont certainement les dindons qui répandent cette histoire… pour ne pas se faire fourrer. » Faut-il en conclure, avec l'anthropologue Arnaldo Camosci, que les traits de Rossini cachent une « recherche d'assouvissement total par la nourriture pour atténuer ses carences affectives » et que « manger bien et en abondance, être en compagnie créent des situations qui dédramatisent ses ennuis ? » Toujours est-il que l'on s'interroge jusqu'à Paris sur le régime de Rossini et ses carences d'inspiration. « Il était triste, ce merveilleux génie.

« Ah, préférer la ricotta au fromage, cela revient à préférer la romanza au morceau d'ensemble. »

Étant triste, il déjeunait mal, ce qui était un grand malheur pour lui. Déjeunant mal, il ne composait plus ni opéra, ni opérette, ni romance, ni *Stabat*, ce qui était un grand malheur pour tout le monde. Un médecin, qui n'était point hydropathe, ni allopathe, ni homéopathe, ni magnétiseur, mais simplement son ami : « Cygne de Pesaro, lui dit-il, reprenez votre vol, c'est-à-dire votre chaise de poste. Plus j'interroge votre côlon, votre rate, vos lombes et votre foie, plus je vois que ces organes fonctionnent malaisément. Ils fonctionnent malaisément, parce que vous êtes triste ; vous êtes triste parce vous déjeunez mal ; vous déjeunez mal parce que vous ne composez plus. Ce que je vous dis n'est point une chanson. Il faut quitter Bologne, dont le ciel est trop brûlant, et aller à Paris, dont le ciel est peut-être trop froid. Là, posez votre nid en un splendide hôtel, ayez bonne table, bons amis, bonne musique ; la gaieté reviendra chanter en vous » *(Le Miroir)*. La bonne Olympe, quant à elle, prospère aux côtés de Rossini dont elle partage les agapes, et s'en ouvre à son ami Hector Couvert : « Nous sommes malades mon cher Couvert, est-ce de trop manger, est-ce d'ennui, de l'un et l'autre […].

Sa maladie réclamait une grande tranquillité
de corps et d'esprit ; il devait surtout éviter
ce qui pouvait lui donner de trop vives sensations.

« Je vous ai expédié par le diligence douze fromages frais que vous distribuerez
comme suit : à Cristoforo Insom, 2, à Gaetano Rasori, 2,
à Antonio Zeboli, 2, à Tennola, 2, au marquis Pizzardi, 2.
Les deux qui restent pour arriver à douze, vous les garderez pour vous en les
partageant, si vous le voulez, bien, avec la petite voisine. »
(À son père, le 26 décembre 1857.)

Le Prince a fait une dinde aux truffes qui laisse bien en arrière celles de Ruffec » (2 mars 1840). « Ne croyez pas que l'abandon où je laisse ma mère ne soit un reproche qui ne trouble bien souvent mes savantes digestions, je dis savantes, puisque chaque jour le Maestro s'inspire du Cuisinier Royal pour créer avec son aide quelques mets nouveaux, oui mon ami, le Maestro et moi nous vivons pour manger [...] et nous nous acquittons religieusement de ce devoir » (27 mars 1840) ; « [...] que dis-je, cher Couvert, j'ai acquis un certain ventre qui vous tiendra à distance respectueuse. Quel bon cuisinier, nous avons que de bons dîners ; dussé-je être damnée que je ne voudrois pas changer de vie matérielle » (3 avril 1840). Mais les petits maux de son grand homme finiront quand même par l'inquiéter : « [...] si Rossini n'était pas un gourmand, je pourrois espérer du temps une pleine et entière guérison, mais mon cher, c'est le seul plaisir qui lui reste [...], je fais toujours de la morale en pure perte » (février 1842) ; l'inquiéter au point de brosser un portrait clinique de Rossini en vue d'une visite chez un ponte parisien. « Voici mon bon et excellent ami la consultation ou pour mieux dire les observations faites par son médecin ordinaire sur l'état de mon cher malade, je l'ai plus

« Chaque jour le Maestro s'inspire du Cuisinier Royal pour créer avec son aide quelques mets nouveaux, oui mon ami, le Maestro et moi nous vivons pour manger [...] et nous nous acquittons religieusement de ce devoir. » (Olympe Pélissier, 27 mars 1840)

faite moi peut-être que le médecin et j'espère que ma tendre affection n'aura rien omis d'essentiel pour servir de lumière à la faculté [...]. Monsieur R. doué d'un tempérament linfatique *[sic]* plus que Sanguin, d'un système nerveux très sensible a dès sa première jeunesse abusé de Vénus, c'est pourquoi il a contracté souvent des gonorrhées que presque toujours il traita avec les astringents et, plus souvent, avec les rafraîchissants et les purgatifs. À l'âge de 44 *[sic]*, il adoucit ses passions pour les femmes, quitta l'abus des liqueurs et des aliments échauffants. Mais, bien avant cette époque se manifestèrent en lui des hémorroïdes pendant l'écoulement des qu'elles *[sic]* sa santé gagnait beaucoup [...]. Le célèbre professeur Carus de Dresde passa à Bologne au mois d'avril 1841, il fut consulté par Mr R. Il fut d'avis que la lente et chronique phlogosis de l'Urètre était intimement liée en rapport au système hémorroïdaire et que par conséquent les fleurs de souffre *[sic]* mêlées à la crème de tartre et prises pendant un long laps de temps pourroient être d'une grande utilité que quelques applications de sangsue aux hémorroïdes de temps à autre seroit l'un des moyens le plus propre à combattre ce chronicisme, que l'huile de ricin serait préférable comme

purgatif spécial aux substances salines dont fait usage Mr R., en outre il assura que par l'usage des bains de Marienbad il avoit vu guérir plusieurs maladies semblables » (6 février 1842). Quelques mois plus tard, rendez-vous est pris. À peine arrivé à Paris, le 27 mai 1843, Rossini est assailli de visiteurs, mais la *Revue et gazette musicale* tempère aussitôt le zèle des mélomanes : « L'illustre auteur de *Guillaume Tell* et de tant de chefs-d'œuvre, Rossini, vient d'arriver à Paris. Malheureusement, il ne vient pas pour faire représenter une nouvelle partition, depuis si longtemps et si impatiemment attendue, mais pour se faire guérir d'une grave maladie. Ses nombreux amis, et tous ceux qui ont du respect pour l'art, espèrent la guérison du grand homme » (28 mai 1843). Dieu merci !, le *Miroir*, encore lui, ôte aux zélateurs toute idée de prendre le deuil. « Depuis lors, la science scrute, rôde, cherche, furète. Comment va le côlon ? La rate est-elle en meilleur état ? Mille et un médecins s'enquièrent. A-t-on vu fonctionner le foie ? Rossini déjeune-t-il ? S'il déjeune, déjeune-t-il bien ? S'il déjeune bien, comment déjeune Rossini ? [...] Mais l'homme d'*Otello*, de *Guillaume Tell*, de *Moïse*, mais Rossini qui déjeunait si mal à Bologne, comment déjeune-t-il à cette heure à Paris ? Faculté, réjouissez-vous, mille et un

En 1864, le baron Rothschild ayant envoyé à Rossini quelques grappes de son meilleur raisin, reçut cette réponse : « Votre raisin est excellent, je vous remercie, mais le vin en pilule ne me plaît guère. » Touché par ce trait d'esprit, le baron lui fit aussitôt parvenir un tonnelet de son meilleur Château Laffitte.

petits médecins, soyez satisfaits, nous allons vous répondre. L'homme de *Moïse*, de *Guillaume Tell*, d'*Otello*, Rossini ne déjeune pas du tout ; seulement il dîne presque toute la journée ! » Quoi qu'il en soit, sa venue déclenche l'effervescence d'une veille de première. « Pendant les premiers jours, sa maison offrit l'aspect d'une entrée de théâtre. Il y avait une queue persévérante comme pour une première représentation. Les visiteurs portaient leurs cartes, écrivaient leurs noms sur un registre, car tous ne pouvaient pénétrer dans l'appartement de l'illustre compositeur. Il fallait à Rossini du calme et des soins de tous les instants ; il lui était formellement interdit d'écrire et de s'appesantir trop longtemps sur un même sujet. Sa maladie réclamait une grande tranquillité de corps et d'esprit ; il devait surtout éviter ce qui pouvait lui donner de trop vives sensations. Il avait avec lui une femme de cœur et d'esprit, Mme Pélissier, qui ne cessait de lui prodiguer les soins les plus affectueux. Après trois mois de traitements de toutes sortes, sa maladie, qui était assez grave au début, diminua sensiblement ; la solitude et la souffrance avaient noirci son imagination au point de lui faire oublier ses amis, son génie et sa gloire [...]. Durant les trois mois que Rossini passa dans la capitale, sa maison fut visitée

par plus de deux mille personnes. Le compositeur ne recevait pas jusqu'à midi ; la matinée était donnée entièrement à ses médecins qui le soignaient avec une touchante cordialité. De midi à quatre et cinq heures, Rossini allait se promener, revoir quelques vieux amis, causer avec ceux-ci de leurs exploits amoureux, avec ceux-là des meilleurs vins et des meilleurs mets, et avec aucun il ne causait de poésie ni de musique. Il se mettait à table de six à sept heures ; puis, jusqu'à minuit, son appartement s'emplissait de visiteurs qui étaient heureux d'écouter pendant quelques heures ses spirituelles causeries » (Azevedo). Mais c'est un amphitryon convalescent qui ouvre sa porte au cercle restreint de ses amis. « Rossini est mon voisin : je le vois très souvent et il a beaucoup d'amitié pour moi. La semaine dernière, je lui ai mené, pour le deuxième fois, Vivier, ce corniste qui a trouvé le moyen de faire sur son instrument des passages à deux, trois et même quatre parties, et que Rossini ne peut se lasser d'entendre, d'autant plus émerveillé que, dans sa jeunesse il a donné du cor et ne peut soupçonner par quel moyen Vivier arrive à ce résultat […]. Personne n'a plus peur de mourir

Vue de la nouvelle salle de l'Opéra, salle Le Pelletier. Eau-forte coloriée par Rousseau, d'après un original de Courvoisier.

que Rossini : il suit le régime le plus sévère, s'abstenant de tout dîner, n'allant nulle part pour ne pas se donner d'émotion, et se contentant de recevoir le soir chez lui un très petit nombre d'amis qui lui forment une cour fidèle » (A. Adam, juillet 1843).

Fêté comme s'il allait retrouver demain le chemin du succès, le maestro ne peut s'empêcher cependant d'écraser une larme nostalgique face à l'évocation de sa splendeur passée, comme lorsqu'il se rend chez son ancien cuisinier, Paolo Broggi, lequel vient d'ouvrir un restaurant juste vis-à-vis de la Salle Le Pelletier. « Après avoir dîné dans la trattoria de son ancien serviteur, il s'arrêta longtemps devant la porte, et, plongé dans de profondes réflexions, il contempla le bâtiment de l'Opéra. Une larme vint mouiller son œil, et, comme quelqu'un lui demanda pourquoi il paraissait si tristement ému, le grand maestro répondit que Paolo lui avait préparé comme jadis son mets favori, des ravioli au fromage parmesan, mais qu'il n'avait pu manger la moitié de la portion, et que même celle-ci le chargeait maintenant ; il ajouta que lui qui avait autrefois possédé l'estomac d'une autruche, ne pouvait plus à peine supporter

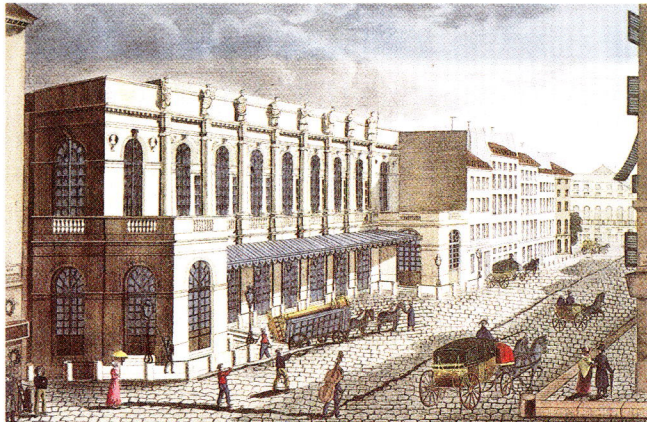

Salle intérieure de l'Opéra de Paris pendant la première représentation de la reprise de « Moïse », 1864.

aujourd'hui la pitance d'une tourterelle amoureuse » (Heine, 1er mai 1844).
Et c'est pourtant un Rossini tout ragaillardi, à défaut d'être véritablement guéri, qui retourne en septembre 1843 à Bologne où il reprend ses habitudes de nabab. « Il s'était formé un cercle de fidèles qui se groupaient autour de lui, et ne passaient pas une seule journée sans venir le distraire dans son palais. L'habitation qu'il s'était faite à Bologne était celle d'un prince. Il y avait accumulé toutes les richesses de l'art : bronzes antiques, bronzes modernes, statues, bas-reliefs, tableaux de toutes les écoles, meubles de toutes les époques, tapis, vases étrusques, vases chinois, marbres de porphyres, médaillons de l'ancienne Rome, antiquailles de Pompéi et d'Herculanum, c'était un musée complet, auquel avaient présidé le goût et un amour suprême du beau. Ce palais de Rossini, abrité au milieu des jardins embaumés, était le rendez-vous de tous les voyageurs, artistes, poètes, diplomates, princes, qui passaient de ce côté de l'Italie. Sa table était ouverte à tous le monde ; il suffisait de porter un nom connu, ou d'avoir une lettre d'introduction, pour recevoir au palais Rossini une affectueuse hospitalité » (Azevedo). Un prince certes admiré mais

au demeurant d'une remarquable affabilité : « Pas un homme du peuple, pas un enfant, pas un vieillard, à Bologne qui n'ôtât son chapeau lorsque passait sous les arcades de la ville l'Orphée de l'Italie. Il s'arrêtait avec le premier venu, devisant de choses et d'autres, et ne laissait pas un mendiant lui tendre deux fois la main » (Azevedo). Mais un dieu aux habitudes de bourgeois. « Nous allâmes à Bologne au mois de juin 1845. À peine arrivés, nous fîmes appeler un barbier, qui se rendit chez nous avec la rapidité de l'éclair. Le barbier *di qualità* n'existe plus en Espagne ; c'est en Italie qu'il a transporté ses pénates, ses rasoirs et ses ruses. Pendant que le joyeux Figaro procédait à son opération, le nom de Rossini fut prononcé par l'un de nous, nous ne savons plus à quel sujet. "Ah ! Vous voulez voir le chevalier Rossini ? se mit à dire le barbier en nous interrompant brusquement. Eh bien ! Il demeure dans telle rue, vous le trouverez à telle heure. Le matin, il va se promener à onze heures ; après-midi, à deux heures, il va chez Mme P. ; à cinq heures, il rentre pour dîner ; et le soir, à huit heures, il reçoit ses amis chez Mme P." » (Azevedo). Olympe, avec laquelle il va bientôt pouvoir enfin régulariser sa situation, même si la disparition de la Colbran le

Isabelle Colbran en costume de Desdémone d'« Otello ». Huile sur toile de Schmidt.

laisse veuf un temps. « Il n'avait pas revu Isabella lorsque, le 7 septembre 1845, alors qu'il était en villégiature au pavillon Corneti, il reçut une invitation pressante d'aller à Castenaso. Isabella était malade et désirait le voir, lui parler, se réconcilier avec lui. Rossini ne put cacher son trouble intérieur, mais n'hésita guère et se disposa à y aller sur le champ. Olympe était là et se tut ; si elle fut piquée ou affligée elle sut bien le dissimuler. Lorsqu'il arriva à la villa de Castenaso avec son agent qui, comme d'habitude, le suivait partout, Rossini entra dans la chambre d'Isabella, et il resta en tête à tête avec elle pendant une heure et demie, jusqu'à ce qu'il en sorte les joues baignées de larmes ; avec une ardeur pleine d'angoisse, il recommanda que l'infirme eut tous les soins les plus cordiaux et assidus ; épiant ses moindres pensées, il voulut que les désirs de sa femme fussent satisfaits. De jour en jour, il recevait les nouvelles de Castenaso jusqu'à ce que, le 7 octobre, il apprenne qu'Isabella avait cessé de vivre après avoir répété son nom à plusieurs reprises. Il en fut profondément affligé et, quand bien même il faisait bonne figure au réconfort d'Olympe, il demeura longtemps triste et mélancolique » (A. Zanolini).

Quant au musicien, il reste désespérément sourd aux sirènes venues de Paris, fussent-elles celles du directeur de l'Opéra en personne. « La marotte de Pillet, en ce moment, est d'avoir un opéra de Rossini, et il est assez fou pour prendre ses espérances pour des réalités. Il a été voir à Bologne le maestro, celui-ci s'est moqué de lui en lui promettant quelques morceaux inédits : Pillet s'est dépêché de lui expédier madame Stolz, dont Rossini s'est amusé comme il s'amuse de tout, et maintenant Pillet fait publier à son de trompe qu'il a un opéra de Rossini. Il n'y a que lui et madame Stolz qui y croient. Il espère par là obtenir la prolongation de son privilège, ce qui serait le plus grand malheur qui pût arriver à l'art musical en France » (A. Adam, 7 mai 1846). Léon Pillet devra se contenter d'un simple *pasticcio*, Robert Bruce, d'un cocktail qui évoque le parfum écossais de la *Donna del Lago*, tout en incorporant également quelques zestes arrachés à *Zelmira, Armida, Torvaldo et Dorliska, Moïse* ou *Bianca e Falliero*. La critique, emmenée par Berlioz et Stephen Heller, vocifère, dénonçant le pastiche, ce qui provoque l'ire de la toute nouvelle Mme Rossini, laquelle réagit avec une fougue désormais légitime : « [...] en parcourant avec stupeur ce gâchis d'injures de périphrases stupides énoncées avec autant de trivialité que d'ignorance, d'impudence et de mauvais goût, mon sang se figeait dans mes veines, mes joues se coloroient du pourpre de l'indignation, pensant à la sottise d'une telle nature incomprise par moi jusqu'à ce jour que, résoudre moi femme ou autrement dit atome pour venger une injure qui dépasse toutes les prévisions humaines, je me suis mise à l'œuvre, j'ai adressé au directeur des *Débats* une caisse contenant deux magnifiques oreilles d'âne comme première souscription à M. Bertin gérant en chef des *Débats*, comme seconde à M. Hector Berlioz célèbre compositeur de musique pour remettre à son Illustre ami le Moderne Midas ou autrement appelé Stephen Heller les oreilles sont enveloppées avec pâture [foin] » (Olympe Pélissier à Léon Pillet, 16 février 1847).

Mais l'opprobre comme la flagornerie laissent Rossini de marbre.

« Rossini ne sait rien de tout ceci ; son sang froid est tellement en opposition avec ma nature que je m'en inquiète au point d'en être malade [...]. Il se moque joliment de M. Stephen Heller, il ne connaît pas ce misérable même de nom, il prétend que ce monsieur a bien le droit d'avoir son opinion et qu'il faut la respecter » *(ibid.)*. La patrie

Portrait d'Hector Berlioz. Huile sur toile de Gustave Courbet.

de Rossini, son havre, c'est décidément Bologne. « Bologne fut toujours le centre de mes sympathies. J'y ai vécu là ma jeunesse avec délice ; j'y ai appris l'art de la musique, et qu'il me soit permis de dire avec le poète " le beau style m'a fait honneur ". Mes pensées, mes affections, mon cœur me ramènent toujours à Bologne même, au beau milieu des séductions et des faveurs des plus grandes métropoles. À Bologne, me retirant des tumultes du monde, j'ai établi ma demeure tranquille et discrète, et non pas comme certains le pensent mon immense fortune. À Bologne, j'ai trouvé hospitalité, amitié et le plus grand de tous les biens, la quiétude des dernières années de ma vie. Bologne est ma seconde patrie, et je me réjouis d'être, si ce n'est par naissance, par adoption son fils » (2 mai 1848).

Des lignes que pourtant Rossini écrit à Florence, au lendemain de sa fuite d'une Bologne en pleine insurrection contre les Autrichiens et, où lui, le fervent admirateur du *Risorgimento*, fut sifflé comme le premier réactionnaire venu. « Le soir du 27 avril 1848, un bataillon de Romains, restés à Bologne pour s'équiper et se regrouper, se mit en marche précédé de sa *banda* et de son habituel cortège de désœuvrés vers la plus grande des portes,

*Façade du teatro
di San Carlo.
Lithographie coloriée
anonyme.*

à la rencontre d'une centaine de Siciliens qui marchaient vers la Lombardie. Bienvenus, les nouveaux hôtes furent accueillis, fêtés et accompagnés aux quartiers qui leur étaient destinés. En passant devant le palais Donzelli, alors habité par le grand maestro, le chef de la *banda* s'arrêta, comme il était d'usage, et fit jouer aux musiciens une pièce de Rossini en son honneur. Les Siciliens, fatigués par un long chemin, demandèrent le pourquoi de cet arrêt, et, tandis que Rossini se présentait au balcon, quelqu'un s'écria que celui-ci était un riche réactionnaire, et l'on put entendre quelques sifflets et cris menaçants. Rossini, vexé d'un tel accueil, se retira indigné, et Olympe fut tellement effrayée par cette aventure que, le lendemain, ils couraient ensemble de poste en poste vers Florence » (A. Zanolini).

Les patriotes auraient voulu voir Rossini mettre sa fortune et sa renommée au service de la cause libérale : « Ils me demandaient des choses que je ne pouvais faire. Ils voulaient que je devienne le chef des musiques de toute l'Italie et que je porte l'uniforme comme un jeune de dix-huit ans. » Justifiée ou non, la nouvelle de son départ fait grand bruit et, aussitôt, des voix s'élèvent pour réclamer son retour. Olympe, elle en est

quitte pour la peur : « L'état de ma pauvre femme était tel que rester une heure de plus à Bologne c'était lui donner la mort. » De son côté, Rossini remâche son amertume : « Depuis que j'ai quitté ma maison, je ne peux plus dormir ni manger. » En 1850, il s'enhardit à réintégrer Bologne non sans s'être au préalable assuré une escorte et quelques munitions. Mais, le 1er mai de l'année suivante, les Bolonais lui infligent un nouvel affront en quittant son salon alors que s'y présente à l'improviste le gouverneur autrichien. Cette fois, Rossini se jure de ne plus jamais revenir dans la « noble patrie des agressions et de la mortadella » et regagne Florence où le naturel va peu à peu reprendre le dessus. De Bologne, il ne recevra plus désormais que chapons et « dindons de bonne couvée » que lui envoient ses amis Zoboli ou Peruzzi. Et, malgré une « nervosité obstinée » qui lui gâte parfois l'extrême délicatesse des plats, il se plonge à corps perdu dans une érudition gastronomique qui enflamme toute sa correspondance à venir. Ce n'est dès lors qu'un long chapelet de remerciements à Donzelli de Naples pour ses *tortellini* ou la recette des *zeppole*, au compositeur Albert Lavignac pour ses délicieuses sardines du golfe de Gascogne, à l'éditeur Ricordi pour

le *panettone* de Milan, au banquier Rothschild pour ses barils de château-lafite, au prince de Metternich pour ses flacons de Johannisberg, qu'il cède d'ailleurs à la veille du Noël 1853 au prince Carlo Poniatowsky avec des *zamponi* et autres *capelletti* à peine arrivés de Modène. Modène, où il a déniché l'«aigle» des charcutiers d'Este, dont les pieds de porc ou les andouilles tirent de Rossini des émotions que la musique ne lui procure plus depuis bien longtemps. « Le Cygne dit de Pesaro à l'Aigle des charcuteries d'Este. Vous avez voulu m'emmener aux cieux en me privilégiant avec des zamponi et des capelletti tout spécialement préparés ; et, comme de juste, du fond des marais de la patrie de l'antique Pedusa, je pousse un cri rauque pour vous remercier tout spécialement. J'ai trouvé la collection complète de vos œuvres ; et tous ceux qui eurent la chance de se délecter de la finesse de vos fameuses préparations purent en goûter la maîtrise intérieure avec moi. Je ne mettrai pas en musique vos louanges, car, comme je vous le disais dans ma précédente lettre, je reste un ex-compositeur. Bien pour moi et mieux encore pour vous. Vous savez jouer de certaines touches qui satisfont le palais, juge plus sûr que l'oreille parce qu'il se fonde

La Maison de Rossini, Strada Maggiore à Bologne. Gravure colorisée.

sur une extrême délicatesse du toucher qui est le principe de la vitalité. Pour vous plaire, je ne jouerai que d'une seule de ces touches, celle de ma reconnaissance pour toutes vos attentions : et je désire qu'elle vous stimule à voler plus haut encore afin de mériter une couronne de lauriers dont je vous ceindrais bien volontiers » (28 décembre 1853).

Rossini semble à nouveau mordre la vie à belles dents, mais celle-ci ne lui laisse qu'un goût d'amertume. De Bologne à Florence, il ne parvient plus à fuir la maladie. Abattu, amoindri, atrabilaire et insomniaque, le musicien n'est plus qu'un hypocondriaque victime de ses nerfs. Pour sauver à la fois son mari et son ménage, Olympe décide de soustraire Rossini à « l'opprobre de la faculté », de l'arracher à l'atmosphère mesquine de l'Italie, de le pousser à reprendre le devant d'une scène qu'il avait volontairement abandonnée, de le forcer à reprendre pied dans la réalité, celle d'une ville qui, en ce milieu du XIXᵉ siècle, reste l'arbitre incontesté des élégances, Paris. Le 25 avril 1855, les époux Rossini montent dans une voiture pour un voyage qui durera un mois ; une aventure vécue à petites étapes, car entre autres phobies, le maestro a viscéralement horreur du chemin de fer.

Vue de Florence.
Huile sur toile de Camille Corot.

$\mathcal{U}$ n beau matin, Azevedo, ami et biographe
du musicien, trouve Rossini de méchante humeur,
agacé d'avoir à écrire une douzaine
de lettres de recommandation et de dédicacer
quelques portraits. Voyant son ami entrer, il s'écria :
« Mon Dieu, quelle fatigue la célébrité ! »
Bienheureux les charcutiers ! »
« Pourquoi ne pas vous adonner à ce métier »,
rétorqua Azedavo, qui ajouta : « Vous devriez avoir
quelques dispositions, puisque lorsque vous étiez
enfant à Bologne vous avez été en pension
chez l'un d'eux. » « J'en avais envie à cette époque,
répondit Rossini avec sérieux,
mais ce ne fut pas possible et non par ma faute ;
j'ai été mal orienté. »

Péchés de Vieillesse

et de Gourmandise

J. Rossini

Arrivé à Paris, Rossini s'établit d'abord au 52, rue Basse-du-Rempart, en contrebas du boulevard des Capucines, puis, quelques mois plus tard, dans le vaste appartement du 2, rue de la Chaussée-d'Antin, à l'emplacement où s'élevait, un siècle plus tôt, la demeure du baron de Grimm, hôte dans ces murs d'un certain petit Mozart. C'est là, dans ce modeste onze pièces que Rossini va s'installer en toute simplicité jusqu'à la fin de ses jours. « Son appartement, situé au premier étage dans la maison qui fait le coin de la Chaussée-d'Antin et du boulevard des Italiens, est meublé, orné avec une élégante simplicité, un confortable exempt de recherches. On y remarque : dans le grand salon, deux beaux portraits de Rossini, sur la table du petit salon bleu, les œuvres de Gustave Doré (ami et habitué de la maison), dans la salle à manger, de beaux dressoirs à hauteur d'appui avec des armoires vitrées en palissandre renfermant une superbe argenterie. C'est là que les hommes se tiennent le samedi, car le salon est exclusivement

Page 103 :
Partition de
« L'amour à
Pékin », Péchés de
vieillesse. Rossini.
Huile sur toile de
V. D'Ancona,
1874.

Le Boulevard des
Italiens à Paris.
Gravure de
L. Degraces.

réservé aux dames ; la salle à manger devient alors un musée de brochettes et de décorations. Seul dans son petit coin, un vieillard se fait remarquer, au milieu de toutes ces cravates blanches, par son gros gilet de couleur, son vieux pantalon et sa redingote graisseuse ; mais, regardez-le bien ! La beauté de son front olympien, la malice qui pétille dans ses yeux spirituels, la fermeté de ses traits dont les années ont arrondi les contours, la finesse de son sourire distingué vous feront reconnaître une individualité puissante et vous vous prosternerez devant Gioacchino Rossini. S'il fait par trop chaud, le maître reste dans sa chambre à coucher dont la table de travail offre un curieux amalgame de plumes, bibelots, livres, souvenirs, lettres, journaux, papiers de musique sur lesquels se prélassent triomphalement le gros foulard rouge qui a l'honneur de lui servir de mouchoir [...]. L'âge ne lui a pas enlevé toutes ses prétentions physiques, c'est vous dire qu'il est toujours aussi galant avec les dames et embrasse volontiers. Aussi, quand on lui annonce une personne du sexe faible, il s'empresse de changer de perruque et de

mettre la plus frisée. Les perruques jouent un grand rôle dans son existence, il en a de toutes les nuances et pour toutes les circonstances de la vie, les ajustant de travers, selon qu'il veut se donner l'air crâne ou conquérant »
(*Le Charivari*, novembre 1866).
C'est là encore que, peu à peu, il va recouvrer la santé et l'inspiration, et ce, au prix d'une hygiène de vie soigneusement codifiée, bannissant toute sortie dans le monde, s'interdisant même d'aller au concert qu'il s'agisse des ouvrages d'autrui et, surtout, des siens. Dès lors, c'est le Tout-Paris qui viendra à lui, donnant naissance à ces fameux samedis musicaux où se mêlent art culinaire et dégustation de musique, prétexte pour Rossini à régaler de sa cuisine un parterre d'habitués célèbres, comme à commettre ces kyrielles de petits *Péchés de vieillesse* qui émailleront d'aphorismes sonores sa dernière période. On se bouscule bien entendu à la table du maître, même si certains récalcitrants malmènent en privé la réputation de la maison. « Rossini est un très grand musicien et fait de la belle musique, mais une exécrable cuisine », tranche Auber non sans une mélancolique crampe d'estomac, tandis que l'ambassadeur d'Autriche, Richard von Metternich, est encore plus

Rossini au plat de macaroni. Bronze.

Ci-contre : « *Bon Dieu - la voilà terminée cette pauvre petite Messe. Est-ce bien de la Musique Sacrée que je viens de faire ou bien de la Sacrée Musique ? J'étais né pour l'opera buffa tu le sais bien ! Peu de science, un peu de cœur, tout est là. Sois donc béni et accorde-moi le paradis. » G. Rossini ; Passy, 1863.*

catégorique quant aux menus de la Chaussée-d'Antin : « J'ai des frissons chaque fois que j'y pense. » Pour être admis à cette table, aussi réputée pour ses spécialités que pour son service, il faut d'abord porter tenue de soirée et cravate blanche. Seul, le maître de maison ne renonçait point à un savant négligé et à sa belle *zimarrone* fermée par une épingle portant un médaillon à l'effigie de Haendel. Et puis, il faut surtout être capable d'intéresser ou d'amuser le musicien, témoigner d'une extrême déférence envers Olympe, et avoir brillé dans quelque domaine.
Ces trois conditions remplies servent de visa pour la Chaussée-d'Antin.
« Parmi les commensaux, il y avait une grande diversité, mais tout le monde restant dans le registre suraigu de la célébrité : artistes et princes, hommes d'État et de lettres, femmes si possible belles et savantes, gens du théâtre, du grand monde parisien voire international. Là passent l'ineffable et très fidèle Carafa (à vrai dire Carafa ne passe pas : il reste, inamovible, présent à chaque dîner), les maestri Meyerbeer, Auber, Thomas, Saint-Saëns, Verdi, de passage à Paris ou venu préparer l'un de ses opéras, Auber et Saint-Saëns brillants causeurs, Verdi taciturne ; le prince

Caricature de Rossini parue dans « Le Hanneton », le 4 juillet 1864, commentée de sa main.

Poniatowski, l'ami des jours florentins ; Alexandre Dumas qui, pour avoir passé la cinquantaine, n'en demeure pas moins toujours volcanique, très amusant, très original, couvert de gloire, d'idées et de dettes malgré des gains fabuleux ; Gustave Doré, le grand dessinateur qui est en outre beau parleur et excellent chanteur ; l'ami Michotte, dont la spécialité à table est l'harmonica de verre ; Vivier, qui sonne le cor, irremplaçable animateur de saynètes humoristiques ; la prima donna Maria Alboni, généreuse de voix comme de formes ; Giulietta Grisi, la Borghi-Mamo, la Fodor, la fameuse Marie Taglioni, fille du danseur milanais Filippo, celle qui, à force de danser sur les pointes, s'était élevée au rang de comtesse, elle avait désormais cinquante ans mais se laissait convaincre d'esquisser quelques pas chez Rossini ; Adelina Patti, tout sourires, coquetteries, caprices et trilles ; le violoniste génois Camille Sironi, émule de l'inégalable Paganini ; les chanteurs Mario, Tamburini, Tamberlick, Badiali ; le très jeune Arrigo Boito et son ami d'études Franco Faccio, l'éditeur Ricordi ; le maestro Florimo, l'ami fraternel, le confident de Bellini ; le baron Rothschild, le baron Haussmann qui est en train de changer la

Caricature de Rossini parue dans « La Lune », commentée de sa main.

physionomie de Paris ; le chanteur et critique Scudo […]. Le maestro préside avec la solennité d'un patriarche, mais celle-ci ne tient simplement qu'à son allure de prélat, car tout à coup il se laisse aller à la conversation la plus divertissante et spirituelle, excitant et entraînant l'esprit des autres par son brio, par la vivacité de ses bons mots et sa verve inépuisable. Olympe assiste hautaine à tout cela, ayant la manie et la prétention d'être honorée à l'égale du maestro, et si d'aventure quelque distrait s'avise de ne pas lui adresser suffisamment de compliments, il est aussitôt radié de la liste des invités » (Arnalde Fraccaroli).

Chatouilleuse sur l'étiquette, Olympe ne l'est pas moins en ce qui regarde les dépenses. Ainsi, chaque samedi, les invités apercevaient de fastueux plateaux chargés de fruits, mais invariablement Olympe était prise d'un soudain malaise privant la tablée de dessert. Un soir Florimo, en bon Napolitain, glissa un pourboire à l'un des domestiques pour en avoir le cœur net : « C'est simple, lui répondit-on, Madame loue les fruits et doit les rendre après ! » D'ailleurs, Rossini veille lui aussi scrupuleusement sur ses intérêts. « Il excelle à faire des devis et à dresser des contrats. Il a un petit livre de sa cave dont

Le Jupiter de la Musique, comme l'avait surnommé Meyerbeer,
baptisait volontiers ses nourritures favorites d'appellations mythologiques.
Ainsi ces deux stracchini « qui confortent mon cœur, mon estomac
et mon amour-propre » selon Rossini,
ne deviennent rien moins que « Pilade et Oreste ».
(Dans une lettre du 9 mai 1864).

la régularité désespérerait le meilleur des sommeliers ; toute bouteille de vin entamée a sa petite croix rouge et le maestro sait à merveille la quantité bue à chacun de ses dîners. Tout le mois de décembre, il fait les comptes de l'année en poussant de gros soupirs sur les dépenses et en disant après chaque addition : " Dieu ! que les pauvres sont heureux de ne pas dépenser d'argent ! " » (*Le Charivari*). Ce qui n'empêche toutefois pas sa table d'être bien garnie, alliant somptueusement madère et charcuterie, bordeaux et fritures, reno et pâté froid, champagne et rôtis, alicante et lacrima se réservant le fromage ou… les fruits. En tout cas, personne ne peut se vanter d'avoir jamais vu Rossini ivre, ou même simplement éméché après un dîner. Il ne s'agit là que de péchés véniels, « de ceux que l'on commet passé un certain âge pour se préserver de fautes plus graves » comme il le confesse lui-même. Obsédé par les soins de son corps, Rossini est avant tout un gourmet prudent, choisissant soigneusement la provenance de la charcuterie, des vins, de l'huile, du fromage ou des olives. « Après avoir discuté de choses et d'autres, se souvient Alessandro d'Ancona, il me demanda où j'habitais, et, lui répondant à Pise, il ajouta immédiatement : " Pise… Pise

Olympe Pélissier.

est bien connue pour l'huile de Buti " ; " Oui maestro, je vous en ferai parvenir une paire de barils. " La géographie de ce grand épicurien était par essence culinaire. » Après les agapes réservées à une poignée de privilégiés, vient l'heure du concert dans le grand salon où se pressent nombre d'habitués, alléchés tant par le programme édité par le maître des lieux que par la promesse d'une glace à l'entracte. « La foule était à ce point nombreuse samedi dernier qu'une trentaine d'invités ont dû s'asseoir sur les marches de l'escalier. Par bonheur, Olympe nous escorta, mon père et moi, et nous conduisit aimablement dans la salle de musique. Quel spectacle ! Rossini était véritablement entouré du Tout-Paris, je ne me souviens plus des noms des duchesses, marquises et baronnes qui le courtisaient. Il y avait là des ministres, des ambassadeurs et dans un coin de la salle recevant les révérences de la plupart le légat du pape en tunique violette. À cet instant, Gaetano Braga est allé à côté du piano avec son violoncelle. Rossini se leva, un grand silence se fit, et le violoncelle de Braga charma son auditoire par une nouvelle composition de Rossini accompagnée par l'auteur. Gustave Doré chanta une romance. Rossini avait raison de dire en

Franz Liszt au piano en compagnie de Dumas,
Hugo, Sand, Paganini, Rossini
et Marie d'Agoult.
Huile sur toile de J. Danhauser, 1840

Lavignac envoyait parfois à Rossini quelques douzaines de royales,
ces savoureuses sardines du golfe de Gascogne. « Cher ami,
lui reprocha un jour Rossini, ne m'envoyez pas ces choses là le samedi,
le samedi j'ai beaucoup de monde à table, et quand j'ai de telles royales,
je désire les manger tout seul, à mon aise et sans bavarder. »

le présentant à mon père : " Voici monsieur Doré que tout le monde pense grand dessinateur, mais à dire vrai c'est au contraire un grand chanteur, donc un collègue à moi. " Doré avait une très belle voix de baryton et il chantait avec beaucoup de goût et d'expression. Mais le triomphe de la soirée vint lorsque Adeline Patti, Maria Alboni, Gardoni et Enrico Delle Siede chantèrent le quatuor de *Rigoletto* accompagnés par Rossini. Ceux qui ont entendu une telle exécution ne l'oublieront pas de toute leur vie. Quel accompagnateur que Rossini ! Quel geste précis, net, léger ! Une merveille ! Je ne connais qu'un autre maestro qui puisse rivaliser avec Rossini dans l'art d'accompagner au piano : Giuseppe Verdi ! » (Giulio Ricordi). Si Liszt et Verdi figurent de temps à autre au menu, c'est Rossini lui-même qui fournit le plat de résistance musical à ces soirées, qu'il s'agisse de quelques morceaux arrachés à ses succès d'antan, ou de ces *Péchés de vieillesse*, exclusivement réservés aux Samedis, et qui vont marquer son retour à la composition. « Un peu de tout », « Quelques Riens », « Recueil de 56 morceaux semi-comiques pour le piano », « Musique anodine », le titre même des volumes en dit long sur le caractère ironique de ces courtes pièces

Portrait de Richard Wagner. Huile sur toile de G. Tivoli, 1883.

en forme de clin d'œil, et dont certaines renvoient aux préoccupations gastronomiques de leur auteur, des « Quatre hors-d'œuvre (Radis, Anchois, Cornichons et Beurre) » aux « Quatre mendiants (Figues séchées, Amandes, Raisins et Noisettes) » en passant par « Ouf ! Les petits pois », « Un sauté », « Hachis romantique » ou la « Petite valse à l'huile de ricin » ! Parmi tous les musiciens admis dans l'intimité de Rossini, l'un d'entre eux hésita longtemps avant de franchir le pas en mars 1860 : Richard Wagner. C'est que moult anecdotes couraient dans Paris, prêtant à Rossini des propos peu amènes à l'encontre de l'auteur de *Tannhäuser*. « On affirmait ainsi qu'à l'un des dîners hebdomadaires, où l'auteur du *Barbier* réunissait quelques convives de marque, les domestiques, à la mention du menu " Turbot à l'allemande " présentèrent d'abord aux invités une sauce fort appétissante, dont chacun prit sa part. Puis, brusquement, le service fut interrompu. Qui ne vint pas, ce fut le turbot. Les convives, s'interrogeant les uns les autres, devinrent perplexes ; que faire de cette sauce ? Alors, Rossini jouissant malicieusement de leur embarras, tout en avalant lui-même la sauce : " Eh quoi ! », se serait-il exclamé,

Billet d'entrée pour une soirée en hommage à Rossini donnée à Beauséjour à Passy.

« Qu'attendez-vous encore ? Goûtez cette sauce, croyez-moi, elle est excellente. Quant au turbot, hélas ! la pièce principale… C'est juste… Le poissonnier au dernier moment a oublié de l'apporter ; ne vous en étonnez point. N'en est-il pas de même de la musique de Wagner ?… Bonne sauce, mais pas de turbot !… pas de mélodie ! " »

On relatait encore que, une autre fois, un visiteur, en entrant dans le cabinet de Rossini, surprit le maestro en train, avec des mouvements de grande impatience, de retourner dans tous les sens une énorme partition… celle de *Tannhäuser*. Puis s'arrêtant après de nouveaux efforts : « Enfin, ce n'est pas malheureux ! aurait-il soupiré ; ça y est ! Depuis une demi-heure, je cherche… Maintenant je commence à y comprendre quelque chose ! " La partition était ouverte à l'envers et à rebours ! Mais voilà que précisément au même moment, un grand fracas se produisit dans une pièce voisine : " Oh ! Oh ! Qu'est-ce que ceci ? ", reprit Rossini, " Quelle polyphonie : *corpo di dio* ! Mais cela ressemble furieusement à l'orchestre de la grotte de Vénus. " Sur quoi, la porte s'ouvrant brusquement, le valet venait prévenir le maestro que la bonne avait laissé choir tout un plateau de vaisselle »

(E. Michotte, *Une visite à Rossini*). Malgré cela, l'entretien se déroula dans une cordialité respectueuse et Wagner quitta un Rossini persuadé d'avoir fait avec *Guillaume Tell* « de la musique de l'avenir sans le savoir ». Ce n'est plus là le même homme que le neurasthénique arrivé à Paris quatre ans plus tôt. Entre-temps, le naturel a vite repris le dessus, et Rossini a bourgeoisement pris l'habitude d'aller, mi par hygiène, mi par agrément, passer les beaux jours en villégiature à Passy, suivi de la cohorte des fidèles du samedi. Il occupe tout d'abord une maison au 24, rue de la Pompe, puis un pavillon à la Villa Beauséjour, avant de se faire construire, en 1859, une résidence à deux pas du bois de Boulogne, sur un terrain situé entre le boulevard Suchet et le chemin de fer de ceinture, terrain qu'il achète à la Ville de Paris pour sa forme de piano à queue et qu'il fera planter de parterres évoquant des instruments. « Au rez-de-chaussée s'étendent les appartements de réception : un beau vestibule et le grand salon peint à fresque, avec panneaux rouges et baguettes d'or. Des meubles cramoisis d'une grande élégance et, aux quatre coins du salon, des peintures italiennes […]. Et pour sujet de ces peintures, que remarque-t-on tout

d'abord ? Mozart complimenté dans la loge de l'empereur d'Autriche, à l'Opéra de Vienne, le jour de la première représentation de *Don Juan*. Ici, comme pendant, c'est Palestrina faisant entendre des psaumes au pape Marcel entouré de ses cardinaux, çà et là, ce sont les figures de Cimarosa, Haydn, Boieldieu […]. Ce grand salon se trouve situé entre deux salons secondaires dont l'un contient une très curieuse harpe éolienne […]. À côté, la salle à manger, spacieuse et délicatement riche, l'idéal du confortable […] et, sur une console, le médaillon de Rossini en bronze […]. Le plus grand luxe de la Villa Rossini, ce sont les jardins semés de pelouses et de massifs, décorés de statues et d'une magnifique fontaine en pierre de taille qui ferait honneur à plus d'un chef-lieu de département […]. La chambre à coucher du grand artiste est située au premier étage du côté des fortifications. C'est, à la fois, sa bibliothèque et son cabinet de travail. Les meubles sont très simples, en acajou, et les étagères garnies d'une très riche et très curieuse collection de chinoiseries » (*Le Monde Illustré*, novembre 1868). La chambre, centre névralgique vers lequel convergent tous les visiteurs comme le peintre Giacomo de Sanctis venu faire le portrait du

Théâtre Rossini à Paris. Gravure anonyme.

compositeur. « La pièce qu'il occupe d'ordinaire plusieurs heures par jour, soit pour recevoir, soit pour étudier, c'est la chambre à coucher. Au milieu se trouve le bureau, avec des papiers rangés en ordre, ses indispensables grattoirs, des plumes, l'encrier et tout ce qui lui est nécessaire pour écrire. Sur la cheminée, trois ou quatre perruques sont alignées à égale distance. Sur les murs blancs, il y a des miniatures japonaises en papier de riz, et quelques objets d'Orient rangés sur une commode comme des trophées. Le lit à côté du mur est toujours impeccable ; quelques sièges ordinaires sont disposés autour de la chambre. C'est un plaisir que de voir tout à ce point net et ordonné, mais cela ne ressemble pas à une chambre d'artiste, que l'on imagine plus négligent. Et quand, touché par cette perfection, j'ai montré ma surprise au maestro, il m'a répondu en souriant : " Mon cher, l'ordre c'est la richesse. " »

Mais le véritable maître de maison n'est pas celui auquel on pense, c'est en fait « la chienne Mina dont la compétence est connue dans le monde musical. Lorsque Mina est souffrante, la porte est close et le piano muet. Aux soirées, cette chienne mélomane se tient sous la chaise de sa maîtresse ; grognant sourdement ; elle ne se tait que si l'on joue du Rossini, aboie pendant qu'on applaudit et hurle s'il faut

La Villa Rossini à Passy.
Gravure.

bisser » *(Le Charivari)*. Car les concerts comme les dîners rythment la vie de la Villa Beauséjour, comme s'en souvient Michotte : « C'était à Passy, pendant une douce soirée de printemps ; Rossini avait réuni à sa table Mme Alboni, le prince Poniatowski, Heugel, Azevedo, Scudo et l'auteur de ce récit. On prit le café au jardin. Le maestro suivant son habitude, après le repas du soir, alluma un cigare. En le retirant d'une petite caisse spécialement destinée à son usage : " Je ne vous offre pas de ces cigares-là, dit-il au prince Poniatowski, ils sont tellement faibles – les seuls d'ailleurs que je supporte – que si on les présentait à un caporal et surtout à un sapeur, tous les deux décamperaient presto, plutôt que de se voir exposés à exalter d'aussi candides bouffées ". Ce propos plaisant était de bon augure et présageait pour la suite de la soirée, des régalades d'esprit, d'une saveur peu commune. Il avait peu parlé pendant le dîner, chose d'ailleurs habituelle ; la mastication des aliments étant chez lui très laborieuse à la suite de la disparition de presque toutes ses dents " ; ce qui évoque à Michotte une autre de ces soirées « où le compositeur Carafa, un ami d'enfance, l'engagea à se faire confectionner un râtelier, se citant lui-même

« Ton adorable papyrus est arrivé dans un … en même temps que les fleurs resplendissantes de ton jardin de gorgonzola (jardin de loin préférable à celui, enchanté, d'« Armide »).

comme exemple. " Oh ! toi, fit Rossini, en ta qualité de professeur d'harmonie, tu es familiarisé avec les substitutions avec ou sans appoggiatures ; mais moi, je ne me soucie nullement des unes, quant à ma mâchoire, et pour ce qu'il en est de ma musique, je me moque des autres ; d'ailleurs je n'aime pas les *ut* dièses " – (allusion à celui de Tamberlick qui, dans *Otello*, faisait alors courir tout Paris). Carafa : " Les *ut* dièses ? ". Rossini : " Voyez-vous, lorsqu'on est entre les mains des dentistes, ces virtuoses des gencives, leurs notes, et j'en juge par les sons métalliques que j'entends sortir de la bourse de ma femme, sont invariablement des *ut* dièses ! " » (E. Michotte, *Une soirée chez Rossini à Beauséjour à Passy*).

Quant aux amis restés en Italie, Rossini échange avec eux épîtres et fromages comme en témoigne cette savoureuse réponse au marquis Antonio Busca, seigneur du Gorgonzola : « Ton adorable papyrus est arrivé dans un … en même temps que les fleurs resplendissantes de ton jardin de gorgonzola (jardin de loin préférable à celui, enchanté, d'*Armide*). Isaac que tu as déterré, le noir Isaac qui, en ces temps de mascarade, vit modestement à Passy, sous la dépouille trompeuse d'un cygne,

Exposition universelle, remise des prix par Napoléon III au palais des Champs-Élysées à Paris.

est heureux de pouvoir rendre l'expression brûlante de la plus sincère reconnaissance du cœur et de l'estomac. Salut ! Salut ! Je ferais comme celui qui pleure et dit : manger seul les *stracchini* de Busca ? Moi, mourir d'indigestion ? Ah ! mort crue-elle ! Non, non, je dirais mieux : Ah ! mort cuite et honteuse ! » (Passy le 15 juillet 1861).

Des formules comme celle-là, Rossini n'hésite d'ailleurs pas à commettre le péché de les mettre en musique, et sa vie semble donc se couler dans une longue digestion tranquille quand, en 1863, il s'attelle à une œuvre autrement ambitieuse. Est-ce le besoin de se réconcilier avec son Créateur ? De prouver qu'il est encore capable d'endurance ? Ou plus vraisemblablement d'honorer l'amitié qui le lie aux parents de son banquier ? Toujours est-il que la comtesse Pillet Will reçoit la même année la dédicace d'une *Petite Messe solennelle* pour la consécration de l'hôtel particulier qu'elle se fait, à grands frais, bâtir rue Moncey avec son mari, bien placé pour connaître le côté fantasque de Rossini. « On affirme que les folles dépenses faites par vous en bâtissant et meublant votre magnifique palais de la rue Moncey ont obéré tellement vos finances que vous êtes non seulement à sec mais en fuite, et l'on

assure enfin que vos immeubles en Savoie sont tellement couverts d'hypothèques qu'il sera impossible d'en tirer le plus petit parti en faveur de vos innombrables créanciers. Avouez mon adorable comte, que Dieu m'a joliment inspiré lorsque j'ai retiré mon argent de votre maison chancelante. Hélas ! Je n'ose même pas aller voir votre malheureuse famille qui m'est pourtant bien chère, car à mon âge il faut éviter les fortes émotions et surtout les carottes ; laissez-moi donc, Mr le Comte, vous offrir comme dernière consolation l'espoir qu'en acquérant la certitude que vous n'avez absolument besoin de rien vous pouvez compter sur l'appui et le dévouement absolu du plus affectionné de vos amis et serviteurs » (Rossini au comte Pillet Will, octobre 1864). Après une répétition générale donnée le 13 mars 1864 devant quelques invités triés sur le volet, parmi lesquels Meyerbeer, Auber et Thomas, la *Petite Messe* est officiellement créée le lendemain, en l'absence du compositeur mais devant le nonce apostolique qui préside une brillante assemblée conviée à dîner durant l'entracte. Une allégorie facétieuse de la cène qui n'est pas pour déplaire à l'auteur de ces lignes : « [...] Douze chanteurs de trois sexes, Hommes, Femmes et Castrats, seront

suffisants pour son exécution, savoir huit pour les chœurs, quatre pour les solos, total douze chérubins. Bon Dieu pardonne-moi le rapprochement suivant ; douze aussi sont les apôtres dans le célèbre coup de mâchoire peint à fresque par Léonard dit la *Cène,* qui le croirait ! Il y a parmi tes disciples de ceux qui prennent de fausses notes ! Seigneur, rassure-toi, j'affirme qu'il n'y aura pas de Judas à mon Déjeuner et que les miens chanteront juste et *con amore* tes louanges et cette petite Composition qui est Hélas ! le dernier Péché mortel de ma vieillesse. »
Mais il n'est pire pécheur que celui qui s'en défend et avant que de gagner son ciel, Rossini se laissera encore aller à quelques fautes vénielles d'harmonie, comme cette pièce de circonstance qui réunit plus de mille exécutants pour la distribution solennelle des récompenses de l'Exposition universelle de 1867, un « Hymne à Napoléon III et à son vaillant peuple pour baryton, un pontife, chœur de grands prêtres, chœur de vivandières, de soldats et de peuple ; danses, cloches, tambours et canons. Excusez du peu ! »
L'affaire fera, certes, du bruit mais moins encore que les sombres nouvelles soudain de la santé d'un malade que l'on avait fini par croire imaginaire. Dès les

Programme représentant Rossini entouré des personnages de ses opéras.

premières rumeurs, l'Europe entière est au chevet de Rossini. « Dès que la nouvelle de sa maladie fut annoncée, lettres et télégrammes, non seulement de Paris et de France, mais du monde entier commencèrent à affluer. Un messager de la Maison de l'Empereur vint quotidiennement prendre des nouvelles, tandis qu'un attaché de l'ambassade d'Italie envoyait chaque jour un bulletin de santé à Rome. Les nombreux visiteurs qui ne pouvaient pas être admis auprès du moribond purent signer le cahier mis à leur disposition » (E. Michotte). Après une dernière soirée qu'il organisera le 26 septembre 1868, Rossini s'éteint dans une ultime pirouette quelques jours plus tard, un vendredi 13, lui qui, né un 29 février, venait à peine de souffler ses dix-neuf printemps. Ses obsèques, célébrées en l'église de la Trinité, seront celles d'un monarque en exil, au point qu'il faudra éditer une billetterie afin de canaliser les fidèles. C'est un dieu qui s'éteint au royaume de la musique, ce que M. de Saint-Georges résumera par cette formule dans son éloge funèbre : « L'immortalité ne commence pas pour lui, elle continue ! » Curieuse épitaphe pour un musicien qui, après quelques années d'éclat, avait résolument opté pour la retraite d'un bon vivant en ce bas monde.

$\mathcal{L}$e comte Alexis Pillet-Will et son épouse,
future dédicataire de la *Petite Messe solennelle*,
figurent parmi les amis les plus proches
de Rossini durant son dernier séjour parisien.
Le 24 décembre 1818, il présente ses vœux
à la comtesse sous une forme assez différente
du traditionnel panettone de Milan.
« Madame,
La bonté constante dont vous me comblez
m'encourage à m'émanciper de ma timidité
ordinaire. Je prends donc la liberté de vous offrir
un ananas qui m'arrive de Londres
et qui par sa taille me semble n'être pas indigne
d'un accueil indulgent.
Veuillez absoudre
Votre dévoué Rossini. »

Les Partitions Gourmandes

Les Partitions Gourmandes

Au XIXᵉ siècle, à l'époque de Rossini, la cuisine ne ressemble pas à celle d'aujourd'hui. Les repas sont de véritables banquets où sont servis en moyenne une dizaine de plats ; des viandes, des abats cuisinés avec beaucoup de matières grasses, de sauces, des épices souvent utilisées pour masquer le manque de fraîcheur des aliments ; la conservation par le froid n'existe pas !

Dans les recettes, les légumes sont rares et subissent souvent des cuissons longues qui leur ôtent de la saveur.

C'est une cuisine riche, peu digeste avec beaucoup de sauces et de graisses et toujours fortement arrosée ;

Rossini ne pouvait imaginer un repas sans boire 6 grands crus de vins différents.

Que le lecteur ne soit donc pas surpris par ces recettes. Elles sont intéressantes parce qu'elles sont le reflet d'une époque et font partie de l'histoire de la gastronomie.

Pour tous ceux qui souhaitent réaliser ces recettes à base d'abats, il est recommandé de les acheter chez un boucher capable d'assurer la provenance de l'élevage des animaux. Quant aux crêtes de coq, il suffit de les commander chez un volailler.

À vos casseroles et bon appétit !

Consommé de petites quenelles à la Rossini

Pour 6 personnes

◇ 1,5 l de bouillon de volaille
◇ 120 g de semoule de blé
◇ 2 œufs
◇ 60 g de beurre
◇ 100 g de parmesan
◇ 2 cuillères à soupe de lait
◇ cerfeuil
◇ muscade, sel, poivre

Fouetter le beurre mou ; quand il commence à mousser, incorporer les œufs et la semoule, puis le lait ; ajouter 2 pincées de muscade râpée, du sel et du poivre fraîchement moulu. Couvrir la pâte et laisser reposer pendant 2 heures. Réchauffer le bouillon de volaille ; à l'aide d'une petite cuillère, former des petites quenelles et les faire pocher 10 minutes dans le bouillon frémissant. Parsemer de cerfeuil et servir avec, à part, du parmesan fraîchement râpé.

Consommé Semiramis

Pour 6 personnes

◇ 12 oignons blancs
◇ 75 g de moelle de bœuf
◇ 1 cervelle d'agneau
◇ 2 truffes noires
◇ 150 g de mortadelle
◇ 1,5 l de bouillon de volaille
◇ 75 g de beurre
◇ persil
◇ sel, poivre

Brosser et essuyer délicatement les truffes. Éplucher et émincer les oignons et les faire à peine blondir dans le beurre ; ajouter la cervelle blanchie et coupée en morceaux et la mortadelle finement émincée ; couvrir et laisser mijoter 5 minutes. Verser le bouillon, ajouter les truffes coupées en tranches fines, poivrer, vérifier l'assaisonnement et laisser encore frémir 5 minutes. Pendant ce temps, émincer la moelle et la plonger 30 secondes dans de l'eau bouillante ; l'égoutter et la mettre dans le consommé juste avant de le servir ; parsemer de persil ciselé.

Consommé Semiramis

Consommé de queue de bœuf aux truffes

Pour 6 personnes

- ◇ 2 belles truffes
- ◇ 1 queue de bœuf
- ◇ 1 pied de veau
- ◇ 3 oignons
- ◇ 3 carottes
- ◇ 2 branches de céleri
- ◇ 2 feuilles de laurier
- ◇ 1 petit bouquet de thym
- ◇ 1 brin de sarriette
- ◇ 3 feuilles de sauge
- ◇ 2 verres de madère
- ◇ 50 g de beurre
- ◇ cerfeuil
- ◇ 1 cuillère à soupe de poivre
  en grains
- ◇ sel

CI-CONTRE :
*Consommé
de queue de bœuf
aux truffes*

Couper en gros morceaux la queue,
les carottes et les oignons ; les recouvrir
de beurre et les faire rissoler dans
un four chaud de 20 à 30 minutes
jusqu'à ce qu'ils soient bien dorés.
Placer tous ces morceaux dans une
grande marmite, recouvrir de 3 litres
d'eau ; ajouter les herbes, le pied de
veau fendu en deux, du sel et le poivre ;
laisser frémir sans bouillir 4 heures.
Filtrer le bouillon, ajouter le madère
et laisser réduire jusqu'à obtenir
1,5 litre environ.

Au moment de servir, ajouter
des lamelles de truffe bien brossées
et quelques brins de cerfeuil.

Potage de bécasses Rossini

Pour 6 personnes

- ◇ 6 bécasses
- ◇ 2 l de bouillon de volaille
- ◇ 2 verres de madère
- ◇ 100 g de foie gras mi-cuit
- ◇ 2 truffes
- ◇ 75 g de beurre
- ◇ sel, poivre

Faire rôtir les bécasses à la broche
pendant 18 minutes après les avoir
enduites de beurre ; les laisser refroidir
et les désosser.
Broyer les carcasses et les faire cuire
pendant 2 heures à petit feu dans
le bouillon additionné de madère ;
passer au tamis et ajouter le foie gras
passé aussi au tamis ; fouetter pour que
le potage soit onctueux.
Hacher grossièrement la chair des
bécasses et la mélanger avec le bouillon ;
ajouter les truffes émincées, réchauffer,
rectifier l'assaisonnement et servir avec
de gros gressins de Turin.

Soupe du chasseur

Pour 6 personnes

◇ 12 cailles
◇ 12 crêtes de coq
◇ 150 g de foies de volaille
◇ 2 gésiers de canard
◇ 12 champignons de Paris
◇ 12 petites truffes noires
◇ 3 échalotes
◇ 2 l de bouillon de volaille
◇ 120 g de beurre
◇ 1 petit verre de cognac
◇ sel, poivre

Faire griller rapidement sur une flamme les crêtes de coq, puis ôter la première peau dure ; couper les crêtes en morceaux et les faire cuire 30 minutes dans un demi-litre de bouillon.
Pendant ce temps, plumer et vider les cailles et les faire rôtir 10 minutes dans une casserole avec 50 g de beurre et les échalotes hachées ; saler et poivrer, arroser avec le cognac ; laisser refroidir dans le jus.
Émincer les foies de volaille, les gésiers et les champignons ; faire vivement sauter dans une même poêle avec 50 g de beurre, d'abord les gésiers et les crêtes puis, 10 minutes après, les champignons

et les foies ; ajouter du sel et du poivre.
Prélever les filets de caille et les mettre de côté ; broyer les carcasses et leur jus de cuisson et les passer au presse-purée ; diluer avec le bouillon de volaille, filtrer ; réchauffer.
Dans la soupière, disposer les filets de caille, les crêtes, les foies, les gésiers et les champignons ; ajouter les petites truffes noires à peine dorées dans le reste de beurre, verser le bouillon et servir aussitôt.

Crème de marrons aux filets de grives

Pour 6 personnes

◇ 12 grives
◇ 12 marrons
◇ 2 échalotes
◇ 1 feuille de laurier
◇ 100 g de beurre
◇ 1 l de bouillon de volaille
◇ 1 petit verre de vin de xérès
◇ ciboulette
◇ sel, poivre

Plumer et vider les grives ; les faire rôtir à la cocotte 15 minutes dans 50 g de beurre avec les échalotes émincées, le

laurier, du sel et du poivre ; mouiller
avec le xérès.

Faire cuire les marrons à l'eau
30 minutes puis ôter les deux peaux.

Prélever les filets des grives et les
maintenir au chaud ; broyer les
carcasses, les hacher et les passer au
presse-purée avec les marrons.

Diluer cette purée avec le bouillon de
volaille, vérifier l'assaisonnement ;
réchauffer et ajouter le restant de beurre
et les filets de grives ; parsemer de
ciboulette.

Crème de volaille aux truffes

Pour 6 personnes

◇ 1 poularde
◇ 2 truffes
◇ 2 carottes
◇ 2 poireaux
◇ 1 branche de céleri
◇ 1 oignon
◇ 6 brins de persil
◇ 1 feuille de laurier
◇ 50 g de chapelure
◇ 4 œufs
◇ 30 cl de crème fraîche
◇ cerfeuil
◇ muscade, sel, poivre

PAGES SUIVANTES :
*Ingrédients pour
la Soupe du
chasseur*

Pour accompagner

◇ 200 g de foie gras de canard mi-cuit
◇ 12 petites tranches de pain

Faire cuire la poularde pendant 1 h 30
dans un bouillon préparé avec les
poireaux, les carottes, l'oignon, le laurier,
le persil, le céleri, du sel et du poivre.

Égoutter la poularde et la désosser ;
hacher finement les deux tiers
de la chair et mélanger avec 2 œufs,
la chapelure et 2 cuillères à soupe
de crème fraîche, ajouter 1 truffe
hachée et assaisonner avec une pointe
de muscade, du sel et du poivre.

Former des petites croquettes
de la taille d'une pièce de monnaie
et les laisser reposer.

Pendant ce temps, après avoir ôté
les herbes et les légumes du bouillon,
broyer la carcasse de la poularde et
la passer au tamis avec le restant
de la chair et le bouillon ; réchauffer
doucement et faire pocher 5 minutes
les croquettes dans ce bouillon, puis
les garder au chaud ; incorporer
au bouillon 2 jaunes d'œufs battus avec
le restant de crème fraîche ; remettre
les croquettes et la deuxième truffe
émincée, parsemer de cerfeuil ciselé.

Servir accompagné de petites tartines
de pain grillé couvertes de foie gras.

○

Bouillon de champignons aux croquettes de Pesaro

Pour 6 personnes

◇ 300 g de champignons des bois
◇ 40 g de cèpes secs
◇ 1,5 l de bouillon de volaille
◇ 20 cl de crème fraîche
◇ 1 cuillère à soupe de farine

Pour les croquettes

◇ 250 g de mie de pain
◇ 1 verre de lait
◇ 75 g de jambon de Parme
◇ 100 g de cèpes frais
◇ 1 truffe
◇ 4 œufs
◇ 75 g de parmesan
◇ 50 g de chapelure
◇ huile d'olive
◇ thym
◇ muscade, sel, poivre

Tremper les cèpes secs dans de l'eau tiède pendant 30 minutes ; puis les cuire dans le bouillon avec les champignons des bois émincés pendant 30 minutes à petit feu.

Pendant ce temps, préparer les croquettes : émincer les cèpes frais et les faire sauter dans un peu de beurre, saler et poivrer.

Tremper la mie de pain dans le lait pendant quelques minutes, l'essorer avec les mains, l'écraser à l'aide d'une fourchette, ajouter le jambon, la truffe et les cèpes finement hachés ; incorporer 3 jaunes d'œufs, le parmesan et lier avec une cuillère de farine ; assaisonner avec un peu de muscade, du sel et du poivre.

Former un cylindre de 2 cm de diamètre et laisser reposer 30 minutes.

Découper dans la pâte des tronçons de 2 cm, les passer dans l'œuf battu et la chapelure avant de les faire doucement rissoler dans de l'huile d'olive.

Délayer la cuillère de farine dans un peu d'eau et la verser dans le bouillon de champignons, laisser épaissir 10 minutes ; rectifier l'assaisonnement, ajouter la crème, fouetter et juste avant de servir mettre dans la soupière les croquettes bien chaudes.

○

Consommé aux profiteroles d'Almaviva

Pour 6 personnes

⬦ 1,5 l de bouillon de bœuf

⬦ 1 verre de vin de xérès

⬦ 3 cuillères à soupe de farine de riz

Pour les profiteroles

⬦ 2 œufs

⬦ 80 g de farine

⬦ 60 g de beurre

⬦ 16 cl d'eau froide

⬦ 1 pincée de sel

⬦ 250 g de foie gras

⬦ 1 truffe

Préparer les profiteroles : dans une casserole, faire bouillir l'eau avec le beurre et le sel ; hors du feu, incorporer en une seule fois la farine et mélanger jusqu'à ce que la pâte soit lisse ; remettre sur le feu et cuire 2 minutes sans cesser de tourner ; ôter du feu et incorporer les œufs entiers, mélanger ; laisser refroidir.

Sur la plaque du four beurré, disposer des tas de pâte de la taille d'une noix ; faire cuire 15 minutes à four très chaud ; laisser refroidir.

Ouvrir délicatement les profiteroles en les incisant à la base ; travailler le foie gras de façon à obtenir une purée molle ; ajouter la truffe hachée ; à l'aide d'une douille, remplir les profiteroles de cette préparation.

Réchauffer le bouillon en le liant avec la farine de riz préalablement diluée avec un peu de bouillon froid, laisser épaissir sur le feu et ajouter le vin de xérès.

Au moment de servir, jeter les profiteroles dans le bouillon.

Salade bénite sœur Angelica

Pour 2 personnes

◇ 1 belle laitue de jardin
◇ 1 belle truffe
◇ 1 cuillère de moutarde anglaise
◇ 1/2 cuillère à café de vinaigre
  de vin français
◇ quelques gouttes de jus de citron
◇ 3 cuillères à soupe d'huile d'olive
  de Provence
◇ sel, poivre

Laver et nettoyer la laitue. Préparer l'assaisonnement.
Juste au moment de servir, mélanger, fatiguer la salade et recouvrir de lamelles de truffe.

Les bouchées de la Pie voleuse

Pour 6 personnes

◇ 6 croûtes en pâte feuilletée
◇ 300 g de blanc de volaille rôtie
◇ 300 g de ris de veau blanchi
◇ 150 g de langue écarlate

◇ 100 g de jambon cuit
◇ 250 g de champignons de Paris
◇ 3 truffes noires
◇ 75 g de parmesan râpé
◇ 50 cl de bouillon de volaille
◇ 30 cl de crème fraîche
◇ 100 g de beurre
◇ 75 g de farine
◇ 1 feuille de laurier
◇ 1 verre de marsala
◇ muscade, sel, poivre

Découper le ris de veau en morceaux et le faire sauter dans la moitié du beurre avec les champignons de Paris émincés ; saler et poivrer.
Découper le blanc de volaille en cubes, ainsi que le jambon et la langue écarlate.
Préparer une sauce blanche en faisant fondre le restant du beurre avec la farine ; Faire cuire 2 minutes et verser le bouillon chaud; laisser épaissir et laisser cuire 5 minutes en ajoutant le marsala, la feuille de laurier, la muscade, du sel et du poivre ; verser la crème et ajouter les viandes ; laisser mijoter encore 10 minutes à feu très doux ; ajouter les truffes coupées en tranches fines et le parmesan râpé.
Remplir chaque croûte de préparation ; poser les couvercles et faire réchauffer à four doux un quart d'heure avant de servir.

Les bouchées de la Pie voleuse

Artichauts à la Malfada

Pour 4 personnes

◇ 20 artichauts violets
◇ 4 filets d'anchois au sel
◇ 4 gousses d'ail
◇ 3 verres de vin blanc
◇ 4 cuillères à soupe d'huile d'olive
◇ 1 citron
◇ 4 cuillères à soupe de chapelure
◇ romarin
◇ 1 petit piment
◇ sel, poivre

Couper la tête et la queue des artichauts après avoir ôté les premières feuilles. **L**es tremper aussitôt dans de l'eau froide additionnée de jus de citron. **R**incer les anchois et les hacher avec les gousses d'ail ; mélanger avec la chapelure.

Dans une cocotte, faire chauffer l'huile doucement avant d'y mettre les artichauts égouttés ; recouvrir avec le hachis, verser le vin blanc, ajouter un verre d'eau, 2 brins de romarin, le petit piment, saler, poivrer, couvrir et laisser mijoter 1 heure à petit feu.

Oter le couvercle et laisser l'excédant de jus s'évaporer.

Ci-contre :
Des artichauts
sur le marché
de Venise

Cassolette de crêtes de coq

Pour 4 personnes

◇ 24 crêtes de coq
◇ 1 kg de jeunes fèves
◇ 10 œufs frais
◇ 1 gousse d'ail
◇ 1 noix de beurre
◇ 1/2 l de court-bouillon
◇ sel, poivre

Faire griller les crêtes de coq au-dessus d'une flamme quelques instants puis ôter la première peau, qui s'enlève facilement ; couper ensuite les crêtes en morceaux et les faire cuire 45 minutes dans un court-bouillon.

Dans une poêle, faire sauter les crêtes égouttées dans du beurre avec du sel, du poivre et un peu d'ail haché ; ajouter les fèves ôtées de leur cosse et faire cuire encore 5 minutes ; verser les œufs battus et remuer sans cesse jusqu'à ce que les œufs soient pris en brouillade ; vérifier l'assaisonnement et servir froid en entrée.

Omelette du Barbier

Pour 2 personnes

◇ 6 œufs
◇ 150 g de foie gras
◇ 2 truffes
◇ 30 g de beurre
Pour la sauce marsala
◇ 100 g de champignons de Paris
◇ 50 g de beurre
◇ 25 cl de fond de veau
◇ 1/2 verre de marsala
◇ sel, poivre

Préparer la sauce : laver rapidement les champignons, les émincer et les faire vivement sauter dans la moitié du beurre avec du sel et du poivre ; verser le fond de veau et laisser mijoter 15 minutes ; passer la préparation au tamis fin et ajouter, en fouettant, le restant du beurre et le marsala ; garder au chaud.
Hacher grossièrement le tiers du foie gras, émincer les truffes ; découper 4 petites escalopes dans le restant du foie gras.
Battre les œufs en omelette et verser dans une poêle très chaude contenant le beurre qui commence à grésiller, secouer la poêle de temps en temps pour décoller les bords ; après 1 min 30 de cuisson, parsemer de foie gras haché et de la moitié des truffes, saler, poivrer

et continuer la cuisson 2 minutes, sans laisser les œufs prendre complètement. Rouler l'omelette encore baveuse, la disposer sur un plat de service préchauffé et garder au chaud.
Dans la même poêle, faire cuire les 4 petites escalopes de foie gras 30 secondes de chaque côté, saler, poivrer ; les disposer sur l'omelette et recouvrir le tout avec le reste des truffes coupé en lamelles.
Servir aussitôt avec, à part, la sauce marsala.

Omelette capricieuse

Pour 2 personnes

◇ 2 belles truffes noires
◇ 6 œufs
◇ 75 g de beurre
◇ 1 bonne cuillère à soupe de crème fraîche
◇ sel, poivre

Brosser, puis essuyer délicatement les truffes et les couper en lamelles.
Battre les œufs rapidement avec la crème fraîche à l'aide d'une fourchette ; verser dans une poêle chaude contenant le beurre qui commence à crépiter ; laisser prendre quelques instants et faire cuire en secouant la poêle de temps en temps pour décoller les bords ; répartir

les lamelles de truffes, saler, poivrer et rouler l'omelette sur elle-même avant qu'elle ne soit complètement prise. La faire glisser sur un plat et servir aussitôt.

o

Les œufs pochés du comte Ory

Pour 4 personnes

◇ 8 œufs
◇ 8 tranches de pain de mie
◇ 100 g de beurre
◇ 200 g de foie gras de canard
◇ 1 truffe

Pour la sauce
◇ 200 g de champignons
◇ 1/2 verre de bon madère
◇ 100 g de beurre
◇ 50 cl de fond de veau
◇ 1 truffe
◇ sel, poivre

Préparer la sauce : émincer les champignons et les faire sauter dans la moitié du beurre avec du sel et du poivre pendant 10 minutes ; verser le fond de veau et laisser cuire à petit feu 30 minutes ; passer au tamis fin, réchauffer et, hors du feu, incorporer le restant du beurre, le madère et la truffe émincée ; rectifier l'assaisonnement et garder au chaud.
Faire dorer dans le beurre les tranches de pain des deux côtés et garder au chaud.

Découper le foie gras en 8 petites escalopes et les faire sauter dans une poêle 30 secondes de chaque côté ; saler, poivrer et poser le foie sur les tranches de pain ; garder au chaud.
Pocher les œufs dans de l'eau bouillante additionnée de vinaigre, les égoutter et les placer sur les tranches de pain ; poser sur chaque œuf une belle lamelle de truffe et recouvrir de sauce.

o

PAGES SUIVANTES :
Ingrédients pour les Asperges au parmesan

Asperges au parmesan

Pour 2 personnes

◇ 1 kg d'asperges vertes
◇ 120 g de beurre
◇ 100 g de parmesan fraîchement râpé
◇ persil
◇ muscade, sel, poivre

Éplucher les asperges et les faire cuire 5 minutes dans de l'eau bouillante et salée ; bien égoutter.
Couper les asperges en tronçons et les mettre dans une sauteuse avec le beurre sur feu doux ; saler peu, poivrer, ajouter un peu de muscade et parsemer de parmesan râpé et d'un peu de persil ciselé.

o

Des blettes sur le marché de Venise

Petits fagotins de blettes de la Cenerentola

Pour 4 personnes

◇ 250 g de filet de bœuf
◇ 250 g de riz
◇ 1 truffe
◇ 1 botte de vert de blette
◇ 100 g de parmesan
◇ 1/2 litre de bouillon de bœuf
◇ 120 g de beurre
◇ 1/2 cuillère de quatre épices
◇ muscade, sel, poivre

Plonger 3 secondes dans de l'eau bouillante une vingtaine de feuilles de blette ; les égoutter à plat sur un torchon. **H**acher le filet de bœuf et le faire rissoler dans 50 g de beurre quelques minutes ; saler, poivrer, ajouter la muscade et les épices ; laisser refroidir. Préparer le riz en le faisant revenir dans 50 g de beurre jusqu'à ce qu'il commence à dorer ; le couvrir avec de l'eau bouillante et laisser cuire à feu très doux pendant 20 minutes en prenant soin de rajouter un peu d'eau dès que le riz devient sec. **M**élanger le riz et la viande et former

de petites boulettes que l'on aplatit avant de les rouler dans une feuille de blette. **D**isposer les fagotins dans un plat à four ; couvrir avec le bouillon de bœuf et faire cuire à four moyen 20 minutes ; parsemer de parmesan râpé, de noisettes de beurre et de petites écailles de truffe et faire gratiner quelques minutes avant de servir.

Truffes noires au parmesan

Par personne

◇ 2 à 3 belles truffes noires fraîches
◇ 50 g de beurre
◇ 30 g de parmesan râpé
◇ sel, poivre

Brosser délicatement les truffes et bien les essuyer ; les couper en lamelles et les faire doucement chauffer (surtout pas cuire !) dans une casserole avec le beurre, du sel et deux tours de poivre du moulin ; ajouter le parmesan grossièrement râpé, servir aussitôt.

Aspic de chapon au jambon

Pour 6 personnes

◇ 1 chapon
◇ 300 g de jambon de Paris
◇ 3 belles truffes noires
◇ 300 g de crème liquide
◇ 3 l de bouillon de légumes bien relevé
◇ 6 feuilles de gélatine
◇ 1 verre de vin de xérès
◇ 1 petit verre de cognac
◇ muscade, sel, poivre

Faire cuire le chapon dans le bouillon de légumes pendant 2 h 30, et laisser refroidir ; passer et filtrer 50 cl de bouillon.

Faire tremper la gélatine 10 minutes dans de l'eau tiède, l'égoutter et la faire fondre dans le bouillon très chaud ; laisser refroidir. Verser un verre de ce bouillon dans un moule à aspic très froid en en faisant couler sur tous les bords pour que le moule soit tapissé d'une fine couche de gelée ; mettre au frais.

Prélever sur le chapon refroidi 400 g de blanc et le broyer avec le jambon dans un mortier (ou au mixeur) ; ajouter une truffe hachée, le xérès, le cognac, 1 cuillère à café de muscade râpée et le bouillon contenant la gélatine ; mélanger jusqu'à obtenir une mousse.

Fouetter la crème très froide et l'incorporer délicatement à la mousse.

Découper les 2 autres truffes en fines tranches et les coller joliment et régulièrement sur la gelée qui tapisse le plat ; verser la mousse en prenant soin de ne pas décoller les lamelles de truffe ; laisser prendre au frais pendant 4 heures environ.

Démouler sur un plat et décorer de quelques feuilles de salade.

Gros macaroni farcis au foie gras

Le plat préféré de Rossini

Pour 4 personnes

    ◇ 200 g de gros macaroni de Naples

    ◇ 100 g de foie gras d'oie

    ◇ 2 truffes

    ◇ 2 tranches de jambon d'York

    ◇ 2 tomates

    ◇ 100 g de beurre

    ◇ 1 jaune d'œuf

    ◇ 1 verre de crème liquide

    ◇ muscade, sel, poivre

    ◇ parmesan

Faire cuire les macaroni dans de l'eau bouillante et salée, mais seulement la moitié du temps de cuisson nécessaire ; égoutter et rafraîchir sous l'eau froide. Préparer la farce : hacher finement le foie gras avec les truffes brossées et le jambon d'York ; lier avec un jaune d'œuf et suffisamment de crème liquide pour que la préparation ait la consistance d'une sauce Béchamel ; saler, poivrer, ajouter un peu de muscade et passer au tamis. Prendre une seringue en argent et, patiemment, farcir chaque macaroni de crème au foie gras.

Faire cuire les macaroni 5 minutes à la vapeur et les disposer dans un élégant plat à four. Peler et épépiner les tomates avant de les couper en petits cubes. Parsemer le plat de morceaux de tomate, de noisettes de beurre et d'une couche de parmesan fraîchement râpé ; faire gratiner quelques minutes au four.

Alexandre Dumas ayant entendu parler de l'excellence de ce macaroni écrivit à Rossini pour lui en demander la recette. Celui-ci répondit : "Mon cher Dumas, je ne donne pas ma recette, elle est trop précieuse, mais venez demain manger du macaroni chez moi, et si vous êtes aussi bon cuisinier qu'on le dit, vous reconnaîtrez bien les éléments de mon plat favori." Dumas se rendit à l'invitation et, trouvant le plat de macaroni médiocre, estima inutile d'exercer l'intelligence de son palais à l'analyse d'un mets qui ne lui paraissait pas même mériter l'immortalité du brouet noir. Aussi se contenta-t-il de dire au grand maestro, de l'air le plus gracieux du monde : " Merci mon cher Rossini, je sais tout ce que je voulais savoir. "

Risotto à la moelle

Pour 6 personnes

◇ 500 g de riz rond
◇ 80 g de moelle de bœuf
◇ 3 tomates
◇ 250 g de girolles
◇ 1 oignon
◇ 150 g de parmesan
◇ 100 g de beurre
◇ 2 jaunes d'œufs
◇ 1,5 l de bouillon de légumes
◇ sel, poivre

Porter à ébullition le bouillon de légumes et le laisser frémir au coin du feu.
Faire blondir l'oignon émincé dans la moitié du beurre ; ajouter la moelle, puis le riz et faire cuire quelques minutes sans cesser de remuer jusqu'à ce que la moelle soit complètement fondue ; verser alors le tiers du bouillon et laisser mijoter sur feu doux en ajoutant un peu de bouillon dès qu'il est absorbé par le riz ; après 10 minutes de cuisson, ajouter les girolles émincées et les tomates pelées, épépinées et coupées en petits morceaux ; saler, poivrer,

CI-CONTRE :
Risotto à la moelle

mélanger et continuer la cuisson jusqu'à ce que le riz soit al dente.
Hors du feu, incorporer les jaunes d'œufs, le restant du beurre et le parmesan fraîchement râpé ; mélanger.

Spaghetti alla Scalla

Pour 2 personnes

◇ 200 g de spaghetti
◇ 1 truffe blanche
◇ 100 g de parmesan
◇ 100 g de beurre
◇ sel, poivre

Faire cuire les spaghetti al dente dans une grande quantité d'eau bouillante et salée.
Pendant ce temps, brosser la truffe blanche et la râper ; dans une petite casserole, faire fondre le beurre avec la truffe et un peu de poivre frais moulu ; laisser infuser quelques minutes, juste le temps que les spaghetti soient cuits ; égoutter et mélanger ; servir aussitôt avec du parmesan râpé à part.

Fagottini à la Génoise

Pour 6 personnes

    Pour la pâte
◇ 600 g de farine
◇ 2,5 dl d'eau
◇ 1 cuillère à café de sel

    Pour la farce
◇ 300 g de noix de veau
◇ 100 g de jambon de Parme
◇ 1/2 ris de veau
◇ 1/2 cervelle de veau
◇ 1 scarole
◇ 200 g de vert de blette
◇ 3 brins de marjolaine
◇ 3 brins de thym
◇ 4 œufs
◇ 75 g de beurre
◇ 75 g de parmesan râpé
◇ 45 g de mie de pain
◇ 3 l de bouillon de veau
◇ muscade, sel, poivre

Préparer la farce : laver les feuilles de scarole et de blettes et les faire cuire 3 minutes dans de l'eau bouillante et salée ; égoutter soigneusement. **C**ouper le veau en morceaux et le faire cuire 30 minutes dans une cocotte avec le beurre et le jambon.

Plonger 5 minutes dans l'eau bouillante le ris de veau et la cervelle ; égoutter. **T**remper la mie de pain dans un demi-verre de bouillon. **H**acher ensemble toutes les viandes avec la scarole et les blettes ; ajouter les herbes, la muscade, 2 œufs, la moitié du parmesan, la mie de pain ; saler, poivrer ; bien mélanger pour que la farce soit fine et homogène ; laisser reposer 24 heures. **P**réparer la pâte : travailler la farine avec le sel et l'eau ; quand la boule est formée, l'envelopper d'un torchon et laisser reposer 15 minutes. **É**taler la pâte sur une épaisseur de 1 mm ; couper des bandes de 4 cm de large ; battre 2 œufs en omelette et, à l'aide d'un pinceau, badigeonner une bande d'œuf battu ; tous les 4 cm déposer une petite boule de farce ; recouvrir d'une deuxième bande de pâte ; appuyer avec les doigts pour faire adhérer les pâtes entre elles autour de la farce puis découper les fagottini ; répéter l'opération. **J**eter les fagottini dans du bouillon de veau bouillant et laisser frémir 10 minutes ; égoutter, assaisonner de beurre fondu et servir avec le reste de parmesan râpé.

Macaroni à la Rossini

Recette écrite sous la dictée de Rossini le 26 décembre 1866.

Pour 2 personnes
Laissons s'exprimer le maître…
"Pour être sûr de pouvoir faire un bon macaroni, il faut avant tout posséder un bon plat. Les plats dont je me sers viennent de Naples et se vendent sous le nom de terre de Vésuve.
La cuisson du macaroni se divise en quatre parties :
1 - La cuisson des pâtes
La cuisson par le feu est une opération des plus importantes et à laquelle il faut apporter le plus grand soin. On commence par verser ces pâtes dans un bouillon en pleine ébullition et qui a été préparé par avance ; ce bouillon a été passé et filtré ; on fait alors cuire sa pâte sur un feu doux après y avoir ajouté quelques centilitres de crème et une pincée d'orange amère.
Lorsque le macaroni a atteint une couleur transparente, ainsi que son degré de cuisson, il est enlevé immédiatement et mis à égoutter jusqu'à ce qu'il ne contienne plus aucune partie d'eau ; on le réserve alors jusqu'à la mise en couches.
2 - La préparation de la sauce
Toujours dans un poêlon en terre, voici comment vous devez composer votre sauce; pour un macaroni de 2 livres (200 g) mettez :

◇ 50 g de beurre
◇ 50 g de fleur de parmesan râpé
◇ 5 dl de bouillon
◇ 10 g de champignons secs
◇ 2 truffes hachées
◇ 100 g de jambon maigre haché
◇ 1 pincée de quatre épices
◇ 1 bouquet garni
◇ 1 tomate
◇ 1 dl de crème
◇ 2 verres de vin de champagne

Laissez mijoter à feu doux pendant 1 heure ; passez au chinois et réservez au bain-marie.
3 - La mise en couches
C'est à ce moment que le plat en terre de Vésuve est nécessaire. Après avoir légèrement graissé au beurre clarifié et refroidi le plat, on y verse une couche de sauce puis une couche de macaroni, que l'on recouvre d'une couche de fleur de parmesan, de gruyère râpé et de beurre, puis une couche de macaroni que l'on recouvre de la même façon, le tout mouillé avec de la sauce, puis à la dernière couche on ajoute un peu de chapelure et de beurre, et on met le plat de côté pour la coloration.
4 - La coloration par le feu
Le difficile est de faire dorer le plat pour le moment où il doit être mangé."

Maccheroni

Salami di magro   Madera

Zampone

Madera

Pesce —   Bordò

Filetto —

Bordò   Pasticcio   Reno

Fonghi

Reno   Tachina   Champagne

Champagne

Dolce

Formaggio   Villa Colle

Champagne

Menu autographe
des Macaroni de Rossini

Tagliatelle aux scampi

Pour 4 personnes

◇ 400 g de tagliatelle
◇ 300 g de cèpes
◇ 15 scampi (langoustines)
◇ 1 verre de vin blanc
◇ 2 échalotes
◇ 2 cuillères à soupe d'huile d'olive
◇ 100 g de beurre
◇ 15 cl de crème fraîche
◇ marjolaine
◇ sel, poivre

Décortiquer les scampi et garder les queues. Faire cuire les carcasses et les têtes avec le vin blanc et un verre d'eau pendant 15 minutes ; après les avoir broyées et passées au chinois, on obtient un demi-verre de "jus de cuisson".

Dans une poêle, faire sauter dans l'huile d'olive les cèpes émincés avec les échalotes hachées ; saler, poivrer, ajouter un peu de marjolaine et laisser mijoter 10 minutes.

Ajouter les queues et le jus de cuisson des scampi ; mélanger, ajouter la crème et laisser réduire 5 minutes.

Faire cuire les tagliatelle al dente dans de l'eau bouillante et salée ; égoutter, verser dans la poêle et réchauffer en tournant.

Les scampi peuvent être remplacés par des cigales de mer, une spécialité de Venise, ou par des grosses crevettes roses.

Spaghetti aux truffes noires

Pour 2 personnes

◇ 200 g de spaghetti
◇ 100 g de beurre
◇ 2 belles truffes noires
◇ 2 œufs
◇ sel, poivre

Deux jours avant, enfermer les truffes dans un bocal avec les œufs. La coquille de l'œuf étant poreuse, la truffe les parfumera.

Le jour même, faire cuire les spaghetti al dente dans une grande quantité d'eau bouillante et salée.

Dans une petite casserole au bain-marie, faire des œufs brouillés très crémeux avec le beurre et les truffes râpées ; mélanger avec les spaghetti égouttés et servir aussitôt.

Spaghetti aux truffes noires

Tortellini à la Bolognaise

Pour 6 personnes

Pour la pâte
◇ 500 g de farine
◇ 4 œufs
◇ 1 cuillère à café de sel

Pour la farce
◇ 100 g de poitrine de porc
◇ 75 g de chair de dinde
◇ 100 g de mortadelle de Bologne
◇ 100 g de jambon de Parme
◇ 2 œufs
◇ 120 g de parmesan râpé
◇ 80 g de beurre
◇ 30 cl de crème fraîche
◇ 2 feuilles de laurier
◇ 3 l de bouillon de poule
◇ muscade, sel, poivre

Préparer la farce : couper en petits morceaux les viandes et le jambon, et les faire cuire à feu très doux dans 50 g de beurre avec le laurier 15 minutes ; ôter le laurier, laisser refroidir et hacher très finement le tout ; mélanger avec les œufs et le parmesan, assaisonner avec une bonne cuillère de muscade râpée, saler, poivrer ; laisser reposer au frais 1 heure.

Pendant ce temps, préparer la pâte : travailler la farine avec les œufs et le sel, ajouter de l'eau jusqu'à ce que se forme une boule ; entourer la pâte d'un torchon et laisser reposer 15 minutes.

Étaler la pâte sur une épaisseur de 1 mm et découper des carrés de 4 x 4 cm ; déposer au centre une petite noix de farce ; replier la pâte en triangle en appuyant avec les doigts pour souder les bords puis joindre les 2 pointes en les courbant ; préparer ainsi tous les tortellini.

Porter à ébullition le bouillon de poule et faire cuire les tortellini dans le bouillon frémissant 10 minutes ; égoutter.

Porter à ébullition la crème fraîche, saler et poivrer fortement ; laisser épaissir quelques minutes ; verser sur les tortellini et servir avec du parmesan râpé.

Huîtres à la Vénitienne

Huîtres à la Vénitienne

Pour 4 personnes

◇ 4 douzaines d'huîtres
◇ 1 gousse d'ail
◇ 150 g de chapelure
◇ 3 cuillères à soupe d'huile d'olive
◇ 1 bouquet de persil
◇ 1 bouquet de basilic
◇ 5 feuilles de céleri
◇ poivre

Ouvrir les huîtres en recueillant leur eau ; porter cette eau à ébullition et faire pocher dedans les huîtres pendant 30 secondes ; laisser refroidir les huîtres dans leur jus.

Hacher très finement l'ail, ciseler ensemble toutes les herbes ; mélanger l'eau de cuisson avec l'huile d'olive, l'ail et les herbes.

Préchauffer le four thermostat 6 (180°).

Replacer chaque huître dans sa coquille et les recouvrir d'un peu de préparation ; saupoudrer de chapelure et faire gratiner 5 minutes.

Sardines farcies Fenice

Pour 4 personnes

◇ 16 sardines
◇ 4 cuillères à soupe de parmesan râpé
◇ 4 cuillères à soupe de chapelure
◇ 2 gousses d'ail
◇ 1 verre de vin blanc
◇ 5 brins de thym
◇ 1 botte de persil
◇ 4 cuillères à soupe d'huile d'olive
◇ sel, poivre

Nettoyer les sardines, couper les têtes et ôter l'arête centrale.

Hacher très finement l'ail avec le persil et la moitié du thym, puis mélanger avec la chapelure, deux cuillères de parmesan et l'huile d'olive, poivrer.

Étaler une cuillère de préparation sur une sardine entière ouverte, et la recouvrir d'une autre sardine ouverte ; préparer ainsi tous les poissons.

Disposer les sardines dans un plat huilé, saler, poivrer, arroser avec le vin blanc et parsemer de thym et du reste de parmesan.

Cuire 20 minutes au four préchauffé thermostat 6 (180°).

Servir tiède ou froid.

Salade chaude de crevettes à la chicorée

Pour 2 personnes

  ◇ 20 grosses crevettes vivantes
  ◇ 200 g de chicorée nouvelle de printemps
  ◇ 2 citrons
  ◇ 1 verre de vin blanc
  ◇ 1 feuille de laurier
  ◇ huile d'olive
  ◇ sel, poivre

Préparer un court-bouillon avec 1 litre d'eau, le vin blanc, le laurier, du sel et du poivre ; y plonger les crevettes 2 minutes ; laisser refroidir dans le court-bouillon.

Laver et nettoyer la chicorée et l'assaisonner avec du sel, du poivre, le jus d'un citron et de l'huile d'olive.

Disposer au fond d'une casserole une couche de chicorée ; étaler dessus la moitié des crevettes décortiquées, recouvrir d'une couche de salade, puis d'une couche de crevettes et terminer par une couche de chicorée.

Placer la casserole sur feu doux pendant 5 minutes et servir avec des quartiers de citron et de l'huile d'olive, du sel et du poivre.

CI-CONTRE :
Le marché de poissons à Venise

Filets de sole à la Rossini

Pour 4 personnes

  ◇ 8 filets de sole
  ◇ 20 petites truffes
  ◇ 300 g de foie gras d'oie
  ◇ 1 verre de vin blanc
  ◇ 150 g de beurre
  ◇ sel, poivre

Verser 50 g de beurre fondu dans un plat et disposer dessus les filets de sole ; saler, poivrer et arroser avec le vin blanc ; faire cuire au four à température moyenne pendant 10 minutes.

Brosser et essuyer les truffes pour ôter toute trace de terre et les mettre dans une casserole à couvert pour les faire doucement étuver dans 100 g de beurre avec du sel et du poivre.

Découper dans le foie gras 8 escalopes de la même dimension que les filets de sole ; sortir le plat du four et allumer le grill ; poser sur chaque filet une escalope de foie gras, saler, poivrer et faire dorer sous le grill 2 minutes.

Sur le plat de service, dresser les filets de sole entourés des petites truffes bien chaudes.

Tournedos Rossini

Pour 4 personnes

◇ 4 filets de bœuf de 3 cm d'épaisseur
◇ 200 g de foie gras
◇ 2 truffes
◇ 4 tranches de pain
◇ 100 g de beurre
◇ 1/2 verre de madère
◇ sel, poivre

Découper des tranches de pain de la même dimension que les tournedos et les faire dorer de chaque côté dans un peu de beurre ; garder au chaud.

Découper 4 petites escalopes dans le foie gras, légèrement plus petites que les tournedos.

Dans une poêle, faire cuire avec le restant du beurre les tournedos 1 minute de chaque côté ; saler, poivrer et les poser sur les tranches de pain ; garder au chaud.

Dans la même poêle très chaude, faire saisir les escalopes de foie gras 15 secondes de chaque côté ; saler et poivrer et les poser sur les tournedos ; garder au chaud.

Découper 12 rondelles de truffe et en disposer 3 sur chaque tournedos.

Verser le madère dans la poêle afin de déglacer les sucs de cuisson, laisser épaissir la sauce quelques instants, ajouter le restant des truffes hachées et servir avec les tournedos.

CI-CONTRE :
Tournedos Rossini

Cassolette de ris de veau Grand Opéra

Pour 4 personnes

◇ 2 ris de veau de lait
◇ 300 g de foie gras frais
◇ 2 truffes
◇ 1 verre de champagne
◇ 1 échalote
◇ 75 g de beurre
◇ 2 cuillères à soupe de farine
◇ sel, poivre

Nettoyer et parer les ris de veau avant de les faire dégorger 8 heures à l'eau froide ; les placer ensuite dans une casserole d'eau froide et porter doucement à ébullition ; égoutter.

Découper chaque ris de veau en 4 tranches ; saler, poivrer et les rouler dans la farine mais sans excès ; dans une sauteuse, faire mousser le beurre avec l'échalotte hachée, et faire sauter les tranches sur feu vif 2 minutes de chaque côté ; baisser la flamme, verser le champagne et laisser mijoter 5 minutes.

Pendant ce temps, découper le foie gras en 8 petites tranches et les faire cuire 30 secondes de chaque côté dans une poêle très chaude ; les glisser entre chaque tranche de ris de veau ; ajouter les lamelles de truffe ; ôter du feu, couvrir et laisser reposer 3 à 4 minutes avant de servir.

Selon Alberini, ce n'est pas Rossini lui-même mais son maître d'hôtel qui est
à l'origine du tournedos. Voulant essayer cette nouvelle recette, Rossini
avait exigé qu'elle fût préparée devant lui, directement dans la salle à manger
afin qu'il puisse en surveiller le déroulement. Mais le cuisinier ayant exprimé
son embarras d'avoir à œuvrer en présence de tous les invités, Rossini
lui répliqua : « Eh bien, faites-le tourné de l'autre côté, tournez-moi le dos ! »

Chaud-froid de volaille de Passy

Pour 6 personnes

◇ 6 blancs de volaille
◇ 400 g de foie gras de canard mi-cuit
◇ 2 truffes
Pour la sauce
◇ 50 g de beurre
◇ 50 g de farine
◇ 3/4 de litre de bouillon de volaille
◇ 200 g de champignons
◇ 2 échalotes
◇ 30 cl de crème fraîche
◇ 6 feuilles de gélatine
◇ laurier
◇ muscade, sel, poivre

Faire cuire à petit feu les blancs de volaille dans le bouillon frémissant pendant 20 minutes ; laisser refroidir dans le bouillon, puis égoutter.
Préparer la sauce : faire fondre le beurre avec les échalotes hachées, ajouter la farine ; laisser cuire 1 minute puis verser le bouillon ; mélanger et remettre sur le feu avec les champignons émincés et le laurier ; laisser mijoter 20 minutes.
Passer au tamis et ajouter les feuilles de

gélatine préalablement trempées dans de l'eau tiède ; remuer jusqu'à dissolution complète ; verser la crème, ajouter une pincée de muscade, mélanger et rectifier l'assaisonnement.
Sur un plat de service, dresser les blancs de volaille, les recouvrir d'une fine tranche de foie gras ; quand la sauce est presque froide et qu'elle commence à prendre, en recouvrir les blancs ; décorer de quelques belles lamelles de truffe ; mettre au frais 2 heures avant de servir.

Chapon aux truffes

Pour 8 personnes

◇ 1 beau chapon
◇ 1 kg de truffes
◇ 250 g de lard gras
◇ 150 g de beurre
◇ muscade, sel, poivre

Trois jours avant, vider le chapon ; réserver le foie et le gésier vidés au frais.
Hacher grossièrement le tiers des truffes avec le lard, poivrer et ajouter un peu de muscade; introduire ce hachis ainsi que les truffes entières à l'intérieur

du chapon ; coudre l'ouverture.

Entourer le chapon d'un linge et le laisser trois jours au frais pour que tous les parfums de la truffe passent dans la chair.

Le jour même, enduire le chapon de beurre, saler, poivrer et mettre à cuire au four thermostat 6 (180°) pendant 1 h 30 en l'arrosant souvent - éventuellement ajouter un peu d'eau pour éviter qu'il ne se dessèche. 30 minutes avant la fin de la cuisson, ajouter le foie et le gésier.

Ce chapon est encore meilleur cuit à la broche.

Découper le chapon et le servir entouré de ses belles truffes parfumées.

PAGES SUIVANTES :

Chapon aux truffes

Dinde farcie Otello

Pour 8 personnes

◇ 1 dinde
◇ 1 kg de marrons
◇ 20 pruneaux
◇ 4 poires
◇ 300 g d'épaule de veau hachée
◇ 150 g de foie gras
◇ 2 verres de marsala
◇ 6 tranches de lard demi-sel

◇ 3 échalotes
◇ 50 g de beurre
◇ 1/2 l de bouillon de légumes
◇ muscade, sel, poivre

Faire cuire les marrons dans de l'eau bouillante 10 minutes ; ôter les deux peaux.

Pocher les pruneaux 15 minutes dans de l'eau.

Éplucher les poires et les couper en petits cubes ; dénoyauter le tiers des pruneaux et les hacher grossièrement avec le tiers des marrons ; hacher le foie gras et mélanger l'ensemble avec le veau et les poires.

Faire dorer dans le beurre le foie de la dinde avec les échalotes émincées ; hacher le tout et mélanger au reste ; assaisonner de sel, de muscade, de poivre et ajouter un verre de marsala.

Introduire cette farce à l'intérieur de la dinde, fermer et brider ; recouvrir la dinde de fines tranches de lard.

Faire cuire au four thermostat 6 (180°) pendant 2 heures en l'arrosant fréquemment de bouillon et de marsala ; 30 minutes avant la fin de la cuisson, disposer autour de la dinde les marrons et les pruneaux restants.

Lièvre à l'aigre-doux

Pour 6 personnes

◇ 1 beau lièvre
◇ 150 g de jambon de Parme
◇ 100 g de beurre
◇ 100 g de pignons
◇ 100 g de raisins de Smyrne
◇ 1 verre de vinaigre de vin
◇ 1 verre de marsala
◇ 1/2 verre de vinaigre balsamique
◇ marjolaine
◇ 1 clou de girofle
◇ 2 cuillères à soupe de miel
◇ sel, poivre

Découper le lièvre en 6 morceaux
et les faire mariner 24 heures dans
un plat avec 1 verre de vinaigre de vin
et 1 verre d'eau.
Faire mariner les raisins dans le marsala
pendant 2 heures.
Égoutter les morceaux de lièvre, bien
les essuyer et les faire doucement revenir
dans le beurre ; ajouter le jambon coupé
en morceaux, le clou de girofle et
parsemer de marjolaine ; égoutter les
raisins du marsala et verser le marsala
chaud sur le lièvre ; poivrer mais saler
peu, le jambon l'étant déjà ; laisser
mijoter 1 h 30 en ajoutant de temps en
temps un peu d'eau.
Faire un caramel avec le miel et un peu

Ci-contre :
Ingrédients pour
le Lièvre à
l'aigre-doux

d'eau ; quand il commence à épaissir,
retirer du feu et stopper la cuisson en
versant le vinaigre balsamique dessus ;
remuer jusqu'à ce que la sauce soit
onctueuse ; verser sur le lièvre, ajouter
les raisins et les pignons et laisser mijoter
encore 15 minutes.

Rognons de veau Passy

Pour 4 personnes

◇ 2 rognons de veau
◇ 2 gousses d'ail
◇ 4 cuillères à soupe d'huile d'olive
◇ 2 truffes
◇ sel, poivre

Après avoir apprêté les rognons, les
couper en tranches et les faire dégorger
1 heure dans de l'eau salée ; égoutter.
Dans une sauteuse, faire blondir
l'ail émincé dans l'huile d'olive ; ôter
l'ail et faire sauter les tranches de
rognons 2 minutes de chaque côté,
saler, poivrer et ajouter les truffes
coupées en tranches ; couvrir et cuire
encore à feu doux entre 3 et 5 minutes,
selon que l'on aime les rognons plus
ou moins rosés.

Filet de bœuf aux asperges

Pour 6 personnes

◇ 1,5 kg de filet de bœuf
◇ 4 belles truffes
◇ 500 g de champignons de Paris
◇ 100 g de foie gras frais
◇ 1,5 kg d'asperges
◇ 50 g de beurre
◇ 2 cuillères à soupe d'huile
◇ 2 échalotes
◇ 25 cl de madère
◇ laurier, muscade, sel, poivre

La veille, faire mariner le filet de bœuf avec le madère, les échalotes hachées, la feuille de laurier et l'huile.
Le jour même, mettre la marinade de côté et faire cuire le rôti salé et poivré au four chaud pendant 40 minutes.
Faire cuire les asperges à l'eau bouillante et salée 15 minutes, puis les égoutter.
Préparer la sauce à part. Faire sauter dans le beurre les champignons émincés ; verser la marinade, ajouter la muscade saler, poivrer et laisser mijoter 30 minutes ; hors du feu, ajouter le foie gras coupé en morceaux, puis passer la sauce au chinois ; assaisonner et ajouter 2 truffes hachées.
Présenter le filet en tranches, avec une rondelle de truffe sur chaque tranche, entouré d'asperges et accompagné de la sauce bien chaude servie à part.

Filet de bœuf San Carlo

Pour 2 personnes

◇ 400 g de filet de bœuf
◇ 1 truffe
◇ 2 anchois au sel
◇ 1 verre de marsala
◇ 150 g de beurre
◇ 4 tranches de pain
◇ sel, poivre

Rouler le filet de bœuf et le ficeler très serré de manière à lui donner une forme ronde et le couper en 4 morceaux.
Couper des tranches de pain un peu plus grandes que les filets et les faire dorer dans 50 g de beurre de chaque côté ; garder au chaud.
Hacher finement les anchois et les mélanger avec 75 g de beurre mou et une demi-truffe émincée ; étaler la moitié de ce mélange sur les tranches de pain.
Faire cuire les filets de bœuf dans une poêle avec 25 g de beurre 3 à 4 minutes de chaque côté et les disposer sur les tranches de pain ; recouvrir d'une lamelle de truffe ; garder au chaud.
Verser le marsala dans la poêle, ajouter le restant du beurre aux anchois et laisser réduire quelques instants avant de verser sur les filets.

Filet de bœuf aux asperges

Ragoût de crêtes de coq et ris d'agneau

Pour 6 personnes

◇ 6 ris d'agneau
◇ 100 g de jambon de Parme
◇ 2 truffes
◇ 12 crêtes de coq
◇ 300 g de rigatoni
◇ 100 g de pâté de foie gras d'oie
◇ 100 g de parmesan râpé
◇ 2 verres de marsala
◇ 2 échalotes
◇ 50 cl de bouillon de volaille
◇ 100 g de beurre
◇ sel, poivre

Faire cuire les rigatoni al dente dans de l'eau bouillante et salée ; égoutter et laisser refroidir ; à l'aide d'une seringue en argent les farcir avec le pâté de foie gras préalablement ramolli.

Faire griller les crêtes de coq au-dessus d'une flamme pour ôter la première peau dure ; les couper en petits morceaux et les faire cuire ensuite dans le bouillon 30 minutes.

Émincer les échalotes et les faire blondir dans 50 g de beurre avec les ris d'agneau coupés en morceaux ; ajouter le jambon émincé et les crêtes de coq, verser le marsala, saler, poivrer et laisser mijoter 20 minutes.

Dans un plat, disposer le ragoût

CI-CONTRE :
Pigeons

mélangé avec les rigatoni farcis, recouvrir de parmesan râpé, de noisettes de beurre et de lamelles de truffe. Mettre à gratiner au four 10 minutes, servir bien chaud.

Pigeons à la façon de Pérouge

Pour 4 personnes

◇ 4 beaux pigeons
◇ 2 verres de bon vin rouge de Bourgogne
◇ 200 g d'olives vertes
◇ 2 cuillères à soupe de baies de genièvre
◇ 3 cuillères à soupe d'huile d'olive
◇ 4 feuilles de sauge
◇ sel, poivre

Après avoir plumé les pigeons, les faire rôtir sans les vider à la broche 30 minutes.

Les dégager de la broche, puis pratiquer une incision dans le ventre afin de vider les intérieurs, qui sortent facilement.

Verser l'huile dans une cocotte, y poser les pigeons, verser le vin rouge, ajouter les olives, la sauge et le genièvre ; saler, poivrer et laisser cuire encore 30 minutes à couvert.

À l'époque, Rossini réalisait ce plat avec des palombes.

Zampone et cotechino aux lentilles

Pour 8 personnes

◇ 2 zampone
◇ 2 cotechino
◇ 1 kg de lentilles
◇ 2 choux de Milan
◇ 2 belles tranches de lard
◇ 100 g de beurre
◇ 2 oignons
◇ 1 bouquet garni (thym, laurier, romarin)
◇ moutarde de Crémone

Faire tremper les zampone dans de l'eau froide pendant 1 heure.
Les faire cuire dans une grande marmite d'eau pendant 2 heures ; ajouter les cotechino et continuer la cuisson 1 heure.
Faire cuire les lentilles avec un oignon et le bouquet garni pendant 30 minutes ; égoutter et assaisonner avec le beurre.
Couper les choux en quatre ; les faire blanchir 5 minutes dans de l'eau bouillante et salée ; égoutter et les rafraîchir en les passant sous l'eau froide.
Couper le lard en 2 ou 3 morceaux, le faire fondre dans une cocotte avec l'autre oignon émincé et le chou ; laisser étuver 45 minutes.
Servir les zampone et le cotechino découpés en tranches sur le chou ; présenter à part les lentilles et la moutarde de Crémone.

Les zampone sont des pieds de porc farcis et les cotechino, de gros saucissons à cuire ; ces deux spécialités sont traditionnellement consommées par les Italiens le jour de Noël avec des lentilles, du chou vert et parfois de la purée de pommes de terre. Elles sont accompagnées de moutarde de Crémone, condiment composé de fruits confits au vinaigre et à la graine de moutarde.
Rossini en était très friand et s'en faisait rapporter d'Italie.

Zampone et cotechino aux lentilles

Tarte aux cerises noires

Tarte aux cerises noires

Pour 6 personnes

◇ 1 kg de cerises noires
◇ 300 g de sucre
◇ le jus d'un citron
◇ 1 cuillère à café de cannelle
Pour la pâte
◇ 300 g de farine
◇ 3 œufs
◇ 100 g de sucre
◇ 150 g de beurre
◇ 1 cuillère à café de cannelle
◇ 1 pincée de sel

Préparer la pâte : travailler la farine avec un œuf entier plus un jaune, le sucre et le beurre, sans oublier la pincée de sel ; ajouter au besoin un peu d'eau pour que la pâte se forme en boule ; laisser reposer au frais 1 heure.

Dénoyauter les cerises et les faire cuire avec le jus de citron, la cannelle et le sucre 30 minutes environ ; la confiture ne doit plus être liquide.

Étaler les deux tiers de la pâte sur un moule à tarte beurré ; recouvrir de confiture.

Étaler le restant de pâte et, à l'aide d'un emporte-pièce, découper des demi-lunes pour décorer la tarte ; avec un pinceau, badigeonner la pâte avec le troisième jaune d'œuf.

Faire cuire au four préchauffé thermostat 6/7 (200°) 30 minutes environ.

Tarte Guillaume Tell

Pour 6 personnes

◇ 1 kg de pommes reinettes
◇ 150 g de sucre
◇ 200 g de beurre
◇ 200 g de farine
◇ 1 pincée de sel

Préparer la pâte : travailler la farine avec 2 cuillères à soupe de sucre et 1 pincée de sel ; ajouter le beurre mou et un peu d'eau froide ; mélanger rapidement jusqu'à ce que la pâte se mette en boule ; laisser reposer 30 minutes.

Étaler la pâte sur un moule beurré ; saupoudrer le fond d'un peu de sucre.

Éplucher les pommes, les couper en quartiers et les disposer sur la pâte ; saupoudrer avec le restant du sucre, parsemer de noisettes de beurre et faire cuire à four chaud thermostat 7 (210°) 30 minutes.

Décorer avec une belle pomme en sucre transpercée d'une flèche de couleur !

Panettone

Pour 8 personnes

◇ 350 g de farine
◇ 6 jaunes d'œufs
◇ 200 g de beurre
◇ 100 g de sucre
◇ 1 citron
◇ 30 g de zestes de citron confit
◇ 1 cuillère à soupe d'extrait de vanille
◇ 1 sachet de levure de boulanger
◇ du papier sulfurisé
◇ 1/2 cuillère à café de sel

Verser la levure, la vanille et une cuillère à soupe de sucre dans un tiers de verre d'eau tiède ; laisser reposer 10 minutes.
Prélever un zeste du citron et en presser le jus.
Travailler la farine avec les jaunes d'œufs, le sucre, la vanille diluée dans l'eau ; pétrir cette pâte 10 minutes ; ajouter alors 120 g de beurre mou et pétrir à nouveau pendant 10 à 15 minutes jusqu'à ce que la pâte se détache des mains ; poser la pâte dans un bol, la couvrir d'un torchon et la laisser lever dans un endroit chaud à l'abri des courants d'air pendant 2 à 3 heures.
Ajouter à la pâte le zeste du citron, son jus et les zestes de citron confit émincés ; pétrir encore 15 minutes.
Beurrer un moule à soufflé et y coller une bande de papier sulfurisé beurré de 5 cm plus haute que les bords du

CI-CONTRE :
Panettone

moule ; verser la pâte et placer le moule dans un endroit tiède à l'abri des courants d'air pour laisser lever la pâte à nouveau 30 minutes environ.
Quand elle est montée, enduire la surface du panettone avec le restant du beurre fondu et faire cuire dans le four préchauffé thermostat 6/7 (200°) 25 minutes ; enduire à nouveau de beurre fondu et cuire encore 5 minutes. La croûte doit être dorée et croustillante.

Les abricots de l'Algérienne

Pour 4 personnes

◇ 300 g d'abricots secs
◇ 1 cuillère à soupe de feuilles de thé
◇ 1/2 litre de vin moelleux (sauternes, muscat)
◇ 3 cuillères à soupe d'eau de fleur d'oranger
◇ 75 g de pistaches

Faire infuser le thé dans un tiers de litre d'eau pendant 3 minutes, puis verser le thé dans un compotier sur les abricots ; laisser reposer 6 heures.
Verser sur la préparation le vin blanc, l'eau de fleur d'oranger et les pistaches, mélanger ; mettre au frais 2 heures avant de servir.

Suite et Fin

Nadar J. Cie
15 Boul des Italiens.

Biographie

Né un 29 février, mort un vendredi 13, d'emblée Rossini fait date dans l'histoire.

1792   Gioachino Rossini voit le jour à Pesaro, dans une famille de musiciens. Bercé par le cor de son père, nourri par la voix de sa mère, il ne s'en révèle pas moins un enfant fort turbulent.

1800   La famille s'installe à Lugo où la discipline musicale adoucit les mœurs du jeune Rossini, qui s'essaie déjà à la composition.

1804   Nouveau déménagement, cette fois pour Bologne. De l'église où il chante comme soprano au théâtre où il dirige quelques répétitions d'opéra, Gioachino commence à gagner sa vie et celle de sa famille.

1806   Gioachino entre comme chanteur à l'académie de Bologne, mais, peu enclin à devenir castrat, il opte pour les bancs du Lycée musical (Liceo Musicale) où il écrit son premier opéra, *Demetrio e Polibio*.

1810   Rossini doit quitter le Liceo pour subvenir aux besoins des siens. Il compose au pied levé *La Cambiale di matrimonio* pour le San Moisè de Venise. Premier succès.

1812   Rossini n'écrit pas moins de six opéras en un an. Sa carrière est lancée. La Scala de Milan lui commande *La Pietra del Paragone*.

1813   La Fenice de Venise le consacre définitivement avec *Tancredi*.

1815   À l'âge de 23 ans, Rossini est le musicien en vie le plus célèbre d'Italie. Barbaja, l'impresario du San Carlo, lui propose de devenir le compositeur officiel de la cour de Naples, un règne qui s'ouvre par *Elisabetta, regina d'Inghilterra*. À Naples, Rossini va durant huit ans s'adonner à l'*opera seria*, d'*Otello* à *La Donna del lago*, réservant à d'autres scènes sa veine légère : *Il Barbiere di Siviglia* et *La Cenerentola* pour Rome ; *L'Italiana in Algéri* et *Semiramide* pour Venise ; *Il Turco in Italia* et *La Gazza ladra* pour Milan.

1822   Rossini épouse celle qui depuis longtemps à Naples est sa muse, son interprète privilégiée et sa maîtresse, Isabella Colbran.

1824   Rossini s'installe à Paris, où il est nommé directeur du Théâtre-Italien, et compose, l'année suivante pour le couronnement de Charles X, *Le Voyage à Reims*, partition qu'il réutilisera pour la pochade du *Comte Ory*. Nommé compositeur du roi, Rossini voit les portes de l'Opéra s'ouvrir devant lui. Pour l'Académie royale, il francise quelques ouvrages antérieurs avec *Le Siège de Corinthe* (1826) et *Moïse et Pharaon*, avant de signer un grand opéra à la française, *Guillaume Tell* (1829), dont l'ampleur laissera l'auteur comme le public épuisés.

1830   La monarchie de Juillet ne reconnaît plus à Rossini ses titres et ses rentes.

1836   Après quelques années de silence, Rossini retourne en Italie avec sa nouvelle compagne, Olympe Pélissier, qu'il épousera en 1846 après la mort de la Colbran. Il prend la direction du Liceo Musicale de Bologne.

1843   Bref séjour à Paris pour raison de santé.

1848   Bien qu'admirateur du *Risorgimento*, Rossini est perçu comme réactionnaire. Olympe et lui fuient Bologne pour Florence.

1855   Les Rossini reviennent à Paris et partagent leur temps entre la Chaussée-d'Antin et Passy où ils se font construire une villa. Rossini mène la vie mondaine d'un bon bourgeois et lance ses « Samedis musicaux » où, après avoir fait bonne chère, le maître consent à jouer quelques courtes pièces qu'il réunit en cahiers sous le titre de *Péchés de vieillesse*.

1863   Testament musical ou dernier pied de nez à la « grande musique », Rossini compose sa *Petite Messe solennelle*.

1868   Rossini s'éteint à Paris, peu après avoir fêté ses dix-neuf printemps bissextils.

Ci-contre : *Portrait de Rossini. Photographie de Nadar.*

1804   *Six Sonates a quattro*
Musique instrumentale pour deux violons,
violoncelle et contrebasse

1806   *Duetti pour cor*
Musique instrumentale
Demetrio e Polibio
Opéra en deux actes
Création le 18 mai au Teatro Valle, Rome

1808   *Messa*
Musique sacrée
(Rossini compose trois morceaux de cette œuvre
collective des élèves du Liceo Musicale de Bologne)
Création le 2 juin à l'église della Madonna di Bologna,
San Luca
Sinfonia (en ré majeur)
Musique instrumentale
Création le 23 décembre à l'Accademia Polimniaca
de Bologne
Messa
Musique sacrée
(Rossini compose le *Kyrie*, le *Gloria* et le *Credo* pour
voix masculines, solistes et orchestre)

1809   *Messa*
Musique sacrée
Cathédrale de Rimini
Variations en fa majeur pour plusieurs instruments obligés
Musique instrumentale
Sinfonia (en mi bémol majeur)
Création le 25 août au Liceo Musicale de Bologne
Variations en do majeur pour clarinette obligée et orchestre
Musique instrumentale

1810   *Dolce aurette che spirate*
Cavatine pour ténor avec accompagnement
orchestral
La cambiale di matrimonio
(La Lettre de change du mariage)
Opéra en un acte
Création le 3 novembre au Teatro San Moisè, Venise

1811   *L'Equivoco stravagante (L'Équivoque extravagante)*
Opéra en un acte
Création le 26 octobre au Teatro Del Corso, Bologne
La Morte di Didone
Cantate pour soprano solo, chœur et orchestre
Création le 2 mai 1818 au Teatro San Benedetto, Venise

1812   *La mia pace io già perdei*
Aria pour ténor avec accompagnement orchestral
Andante et thème avec variations
Musique instrumentale pour flûte, clarinette,
cor et "fagotto"
Dalle quete e pallid'ombre
Cantate pour soprano, basse et accompagnement de
pianoforte
L'Inganno felice (L'Heureux Stratagème)
Opéra en un acte
Création le 8 janvier au Teatro San Moisè, Venise
Ciro in Babilonia (Cyrus à Babylone)
Opéra avec chœurs en deux actes
Création le 14 mars (?) au Teatro communale
di Ferrare
La Scala di seta (L'Échelle de soie)
Opéra en un acte
Création le 9 mai au Teatro San Moisè, Venise
La Pietra del paragone (La Pierre de touche)
Opéra en deux actes
Création le 26 septembre au Teatro alla Scala, Milan
L'Occasione fa il ladro (L'occasion fait le larron)
Opéra en un acte
Création le 24 novembre au Teatro San Moisè, Venise

1813   *Qual voce, quai note*
Aria avec accompagnement de pianoforte
Il Signor Bruschino
Opéra en un acte
Création fin janvier au Teatro San Moisè, Venise
Alla voce della gloria
Scène et aria pour basse avec accompagnement
orchestral
Tancredi
Opéra en deux actes
Création le 6 février au Gran Teatro La Fenice, Venise

Suite et fin

L'Italiana in Algeri (L'Italienne à Alger)
Opéra en deux actes
Création le 22 mai au Teatro San Benedetto, Venise

Quoniam
Musique sacrée

Aureliano in Palmira
Opéra en deux actes
Création le 26 décembre au Teatro alla Scala, Milan

1814   Egle ed Irene
Cantate pour soprano, contralto et pianoforte

Il Turco in Italia
Opéra en deux actes
Création le 14 août au Teatro alla Scala, Milan

Sigismondo
Opéra en deux actes
Création le 26 décembre au Gran Teatro La Fenice,
Venise

1815   Amore mi assisti
Duetto pour soprano et ténor, avec accompagnement
de pianoforte

Inno dell'Indipendenza
Hymne
Création le 15 avril au Teatro Contavalli, Bologne

Elisabetta, regina d'Inghilterra (Elisabeth, reine
d'Angleterre)
Opéra en deux actes
Création le 4 octobre au Teatro San Carlo, Naples

L'aurora
Cantate pour contralto, ténor, basse et pianoforte
Création en novembre à Rome

Torvaldo e Dorliska
Opéra en deux actes
Création le 26 décembre au Teatro Valle, Rome

1816   Il barbiere di Siviglia (Le Barbier de Séville)
Opéra en deux actes
Création le 20 février au Teatro Argentina, Rome

Le nozze di Teti e di Peleo
Cantate "Azione coro-drammatica"
Création le 24 avril au Teatro del Fondo, Naples

La Gazzetta
Opéra en deux actes
Création le 26 septembre au Teatro dei Fiorentini, Naples

Otello, ossia il Moro di Venezia
Opéra en trois actes
Création le 4 décembre au Teatro del Fondo, Naples

Edipo a colono
Musique de scène pour solistes, chœurs et orchestre

1817   Pezzi per il Quinto fabio
Musique vocale

La Cenerentola, ossia La bontà in trionfo (Cendrillon)
Opéra en deux actes
Création le 25 janvier au Teatro Valle, Rome

La Gazza ladra (La Pie voleuse)
Opéra en deux actes
Création le 31 mai au Teatro alla Scala, Milan

Armida
Opéra en trois actes
Création le 11 novembre au Teatro San Carlo, Naples

Adelaide di Borgogna (Adélaïde de Bourgogne)
Opéra en deux actes
Création le 27 décembre au Teatro Argentina, Rome

1818   Il Trovatore ("Chi m'ascolta il canto usato")
Ariette pour ténor avec accompagnement de pianoforte

Mosè in Egitto (Moïse en Égypte)
Opéra en trois actes
Création le 5 mars au Teatro San Carlo, Naples

Il pianto d'Armonia sulla morte di Orfeo
Cantate pour ténor solo, chœur et orchestre
Création le 11 août au Liceo Musicale de Bologne

Ricciardo e Zoraide
Opéra en deux actes
Création le 3 décembre au Teatro San Carlo, Naples

Adina
Opéra en un acte
Création le 22 juin au Teatro San Carlo, Lisbonne

1819   Omaggio umiliato a Sua Maestà dagli artisti
del Real Teatro S. Carlo
Cantate

Création le 20 février au Teatro San Carlo, Naples

Ermione

Opéra en deux actes

Création le 27 mars au Teatro San Carlo, Naples

Eduardo e Cristina

Opéra en deux actes

Création le 24 avril au Teatro San Benedetto, Venise

Cantata da eseguirsi la sera del di 9 maggio 1819
in occasione che Sua Maestà Cesarea Reale ed Apostolica
Francesco I, Imperatore di Austria...

Cantate

Création le 9 mai au Teatro San Carlo, Naples

La donna del lago (La Dame du lac)

Opéra en deux actes

Création le 24 octobre au Teatro San Carlo, Naples

Bianca e Faliero, ossia Il consiglio dei Tre

Opéra en deux actes

Création le 26 décembre au Teatro alla Scala, Milan

1820 *Messa di Gloria*

Musique sacrée pour solistes, chœur et orchestre

Création le 24 mars à l'église San Ferdinando, Naples

Maometto II

Opéra en deux actes

Création le 3 décembre au Teatro San Carlo, Naples

Andante et thème avec variations pour harpe et violon

Musique instrumentale

1821 *Il carnavale di Venezia*

Quatuor vocal, avec accompagnement *ad libitum*
de pianoforte

Beltà crudele

Chanson pour voix et pianoforte

Canzonetta Spagnuola

Chanson pour voix et pianoforte

Matilde di Shabran, ossia Bellezza, e cuor di ferro
(Mathilde de Shabran)

Opéra en deux actes

Création le 24 février au Teatro Apollo, Rome

La Riconoscenza

Cantate

Création le 27 décembre au Teatro San Carlo, Naples

1822 *Paso doble pour orchestre militaire*

Musique instrumentale

Zelmira

Opéra en deux actes

Création le 16 février au Teatro San Carlo, Naples

Addio ai Viennesi

Chanson pour voix et pianoforte

La Santa Alleanza

Cantate

Création le 24 novembre aux Arènes de Vérone

Il Vero Omaggio

Cantate

Création le 3 décembre au Théâtre philarmonique
de Vérone

1823 *Valse en mi bémol majeur*

Musique instrumentale

Semiramide (Sémiramis)

Opéra en deux actes

Création le 3 février au Gran Teatro La Fenice, Venise

Omaggio pastorale

Cantate pour trois voix et orchestre

Création en avril, Trévise

Serenata

Musique instrumentale pour premier et second
violons, viole, flûte, hautbois, cor anglais et violoncelle

1824 *Duetto pour violoncelle et contrebasse*

Musique instrumentale

Dall'oriente l'astro del giorno

Quatuor de chambre pour soprano, premier ténor et
basse avec accompagnement de pianoforte

Ridiamo, cantiamo che tutto sen va

Petit quatuor pour soprano, premier et deuxième
ténors et basse avec accompagnement de pianoforte

In giorno sí bello

Nocturne à trois voix (deux sopranos et un ténor) avec
accompagnement de pianoforte

Il pianto delle Muse in morte di Lord Byron

Cantate pour ténor seul, chœur et orchestre

Création le 9 juin à l'Almack's Assembly Rooms,
Londres

Suite et fin

1825 *De l'Italie et de la France*
Hymne et chœurs
Création le 19 juin au Théâtre-Italien, Paris

Il Viaggio a Reims, ossia L'albergo del Giglio d'oro
Opéra en un acte
Création le 19 juin au Théâtre-Italien, Paris

1826 *Le Siège de Corinthe*
Opéra en trois actes
Création le 9 octobre au Théâtre de l'Académie royale
de musique, Paris

1827 *Tre quartetti da Camera*
Musique vocale
Les Adieux à Rome
Chant avec accompagnement pour harpe et pianoforte
Moïse et Pharaon ou *Le Passage de la mer Rouge*
Opéra en quatre actes
Création le 26 mars au Théâtre de l'Académie royale
de musique, Paris
Cantata per il battesimo del figlio del banchiere Aguado
Cantate pour six solistes et accompagnement de
pianoforte
Création le 16 juillet chez Aguado, Paris

1828 *Rendez-vous de chasse*
Fanfare pour quatre cors de chasse et orchestre
Le Comte Ory
Opéra (comique) en deux actes
Création le 20 août au Théâtre de l'Académie royale
de musique, Paris

1829 *Fantaisie pour piano et clarinette*
Musique instrumentale
Guillaume Tell
Opéra en quatre actes
Création le 3 août au Théâtre de l'Académie royale de
musique, Paris

1829- *Orage et Beau Temps*
1830 Barcarolle pour ténor et basse, avec accompagnement
de pianoforte

1830 *Coro in onore del marchese Sampieri*
Chœur
Création le 2 avril chez le marquis Sampivi, Bologne

1831 *La passeggiata*
Chant pour soprano et pianoforte

1832 *Giovanna d'Arco*
Cantate pour soprano et pianoforte
Création à Paris

1834 ? *La dichiarazione*
"Canzonetta" pour voix et pianoforte

1830 *Soirées musicales*
à 1835 Ensemble de huit ariettes et quatre duetti

1836 *Adieu à l'Italie, je te quitte belle Italie* et
Le départ, il faut partir.
Deux Nocturnes, duetti pour soprano et ténor,
avec accompagnement de pianoforte

1837 *Nizza*
Composition pour voix avec accompagnement
de pianoforte
Trois marches militaires composées pour le mariage
du duc d'Orléans

1842 *Stabat Mater*
Musique sacrée
(Première version en 1832, seconde version en 1841)
Pour quatre solistes, chœur et orchestre
Création le 7 janvier au Théâtre-Italien, Paris

1844 *L'Ame délaissée*
Chanson pour voix et pianoforte
Coro per il terzo centenario della nascita del Tasso
Chœur
Création le 11 mars au Palazzo Carignano, Turin
La Foi, l'Espérance, la Charité
Trois chœurs religieux
Création le 20 novembre chez Troupenas, Paris

1845   *Variation pour violon de Giovacchino Giovacchini*
     sur un thème original de Rossini
     Pour violon et piano

1846   *Grido di Esultazione Riconoscente al Sommo*
     Pontefice Pio IX
     Chœur
     Création le 23 août au Piazza Maggiore, Bologne

1847   *Cantata in onore del Sommo Pontefice Pio Nono*
     Cantate pour solistes, chœur et orchestre
     Création le 1ᵉʳ janvier au Senato del Campidoglio,
     Rome
     Tantum Ergo
     Musique sacrée
     Création le 28 novembre, église San Francisco dei
     Minori, Bologne

1848   *Francesca da Rimini*
     Composition pour voix et pianoforte
     Coro della Guardia Civica di Bologna
     Chœur
     Création le 21 juin sur la Piazza Maggiore
     à Bologne

1843 ou 1850   *Sherzo pour pianoforte (en la mineur)*
     Musique instrumentale

1850   *Inno alla Pace*
     Hymne pour baryton et chœur masculin,
     avec accompagnement de pianoforte

1852   *Marche (pas redoublé)*
     Musique instrumentale

1857   *La separazione*
     Mélodie dramatique pour soprano et pianoforte
     O Salutaris Hostia
     Musique sacrée
     Composition sans accompagnement pour un quatuor
     vocal (soprano, contralto, ténor et basse)
     Création le 29 novembre

1857   *Les péchés de vieillesse*
à 1868   Série de courtes pièces aux effectifs réduits, créées
     à Paris et réunies dans les volumes suivants :
     - *Album italiano - Album français*
     - *Morceaux réservés*
     - *Un peu de tout : recueil de 56 morceaux semi-comiques*
      pour le piano
     - *Quatre mendiants et quatres hors-d'œuvre*
     - *Album pour les enfants adolescents*
     - *Album pour les enfants dégourdis*
     - *Album de chaumière - Album de château*
     - *Album pour piano, violon, violoncelle, harmonium et cor*
     - *Miscellanée pour piano*
     - *Miscellanée de musique vocale*
     - *Quelques riens pour album*
     - *Musique anodine*

1860 ?   *Thème de Rossini suivi de deux variations et coda par*
     Mosche-les-Pere
     Musique instrumentale pour cor et pianoforte

1861   *À Grenade et la Veuve andalouse*
     Deux compositions pour soprano et pianoforte
     Laus Deo
     Musique sacrée
     Pour mezzo-soprano et piano

1864   *Petite Messe solennelle*
     Musique sacrée
     Pour douze chanteurs, deux pianoforte et un
     harmonium
     Création chez la comtesse Pillet-Will, Paris
     Seconde version créée le 24 février 1867, au Théâtre-
     Italien, Paris

1867   *Hymne à Napoléon III et à son vaillant peuple*
     Hymne pour baryton, chœur, orchestre et orchestre
     militaire
     Création le 1ᵉʳ juillet au Palais de l'Industrie, Paris

1868   *La Couronne d'Italie*
     Marche pour orchestre militaire

« L'huître est comme la manne céleste
dont les savants rabbins nous content
qu'elle a la propriété de sembler toujours nouvelle
au palais et de reprendre le goût que l'on désire.
Un déjeuner sans huîtres c'est comme un repas
sans macaroni, une nuit sans lune. *Diem Perdidi* !
C'est ce que je dis chaque jour qui passe sans huitres
et sans macaroni ! »
Rossini aimait tant les huîtres que durant
la composition à Milan de la *Gazza ladra*, il avait
accumulé un bon millier de lires de dettes
en bourriches diverses. Dieu merci, son fournisseur,
poète à ses heures et conscient du génie musical
de son débiteur, lui proposa de s'acquitter
en mettant en musique quelques vers
de son cru et le tint quitte pour une certaine
Chanson des huîtres.

Discographie

Opéras, les intégrales

Adelaide di Borgogna, dirigé par Alberto Zedda.
Interprètes : Martine Dupuy (Ottone), Mariella Devià (Adelaide), Aldo Bertolo (Adalberto), Elisabetta Tandura (Eurice), Michele Faruggia (Iroldo), Giuseppe Fallisi (Ernesto). Orchestre du Festival de Martina Franca. Fonit-Cetra.

L'Assedio di Corinto (version italienne du *Siège de Corinthe*), dirigé par Thomas Schippers. Interprètes : Beverly Sills (Pamira), Shirley Verrett (Neocle), Justino Diaz (Maometto), Harry Theyard (Cleomene), Gwynne Howell (Jero), Robert Lloyd (Omar), Delia Wallis (Ismene), Gaetano Scano (Adraste). Orchestre symphonique de Londres. EMI.

Il Barbiere di Siviglia, dirigé par Claudio Abbado. Interprètes : Placido Domingo (Figaro), Kathleen Battle (Rosina), Frank Lopardo (Almavira), Ruggero Raimondi (Basilio), Orchestre de chambre d'Europe. DG.

Il Barbiere di Siviglia, dirigé par Claudio Abbado.
Interprètes : Hermann Prey (Figaro), Teresa Berganza (Rosina), Luigi Alva (Almaviva), Paolo Montarsolo (Basilio). Orchestre symphonique de Londres. DG.

Bianca e Faliero, dirigé par Donato Renzetti. Interprètes : Katia Ricciarelli (Bianca), Marilyn Horne (Faliero), Chris Merritt (Contareno). London Sinfonietta Opera Orchestra. Fonit-Cetra.

La Cambiale di Matrimonio, dirigé par Donato Renzetti.
Interprètes : Enzo Dara (Tobia Mill), Sœun Jeun (Fanny), Luca Canonici (Edoardo), Roberto Frontali (Slook), Marilena Laurenza (Clarina), Stefano Rinaldi Miliani (Norton). Orchestre de la Rai Turin. Fonit-Cetra.

La Cenerentola, dirigé par Gabriele Ferro.
Interprètes : Lucia Valentini-Terrani (Angelina), Francisco Araiza (Don Ramiro), Domenico Trimarchi (Dandini), Enzo Dara (Don Magnifico). Chœur de la Westdeutsche Rundfunk. Sony.

La Cenerentola, dirigé par Bruno Campanella.
Interprètes : Cecilia Bartoli (Angelina), Raul Gimenez (Don Ramiro), Allessandro Corbelli (Dandini). Enzo Par. Orchestre symphonique de Houston. Vidéo VHS Decca.

La Cenerentola, dirigé par Claudio Abbado. Interprètes : Teresa Berganza (Angelina), Luigi Alva (Don Ramiro), Renato Capecchi (Dandini). Orchestre symphonique de Londres. DG.

Le Comte Ory, dirigé par John Eliot Gardiner.
Interprètes : John Aler (le comte Ory), Gino Quilico (Ragonde), Sumi Jo (la comtesse Adèle), Gilles Cachemaille (le gouverneur). Orchestre de l'opéra de Lyon. Philips.

La Donna del lago, dirigé par Maurizio Pollini.
Interprètes : Katia Ricciarelli (Elena), Lucia Valentini-Terrani (Malcolm), Dalmacio Gonzalez (Giacomo V./Urbano), Samuel Ramey (Douglas). Orchestre de chambre d'Europe. Sony.

Elisabetta, regina d'Inghilterra, dirigé par Gianfranco Masini.
Interprètes : Montserrat Caballé (Elisabetta), José Carreras (Leicester), Valerie Masterson (Mathilde). Orchestre symphonique de Londres. Philips.

La Gazza ladra, dirigé par Gianluigi Gelmetti.
Interprètes : William Matteuzzi, Samuel Ramey, Katia Ricciarelli, Ferrucio Furlanetto. Sony

Guillaume Tell, dirigé par Lamberto Gardelli.
Interprètes : Gabriel Bacquier (Tell), Montserrat

Caballé (Mathilde), Nicolaï Gedda (Arnold). Royal
Philharmonic Orchestra. EMI.

Guillaume Tell, dirigé par Ricardo Muti. Interprètes :
Giorgio Zancanaro (Tell), Chris Merritt (Arnold),
Cheryl Studer (Mathilde). Orchestre de la Scala
de Milan. Philips.

L'Italiana in Algeri, dirigé par Claudio Abbado. Interprètes :
Agnès Baltsa (Isabella), Frank Lopardo (Lindoro),
Enzo Dara (Taddeo), Ruggero Raimondi (Mustafa).
Orchestre philharmonique de Vienne. DG.

L'Italiana in Algeri, dirigé par Claudio Scimone. Interprètes :
Marilyn Horne (Isabella), Ernesto Palacio (Lindoro),
Samuel Ramey (Mustafa), Domenico Trimarchi
(Taddeo). I Solisti Veneti. Erato.

Maometto II, dirigé par Claudio Scimone. Interprètes :
June Anderson (Anna), Samuel Ramey (Maometto),
Ernesto Palacio (Paolo), Laurence Dale
(Condulmiero/Selimo), Margarita Zimmermann
(Calbo). Orchestre philharmonia. Philips.

Mosè in Egitto, dirigé par Claudio Scimone. Interprètes :
Ruggero Raimondi (Mosè), Siegmund Nimsgern
(Pharaon), June Anderson (Elcia), Ernesto Palacio
(Osiride). Orchestre Philharmonia. Philips.

L'Occasione fa il ladro, dirigé par Salvatore Accardo.
Interprètes : Luciana Serra (Berenice), John-Patrick
Raftery (Don Parmenione), Raul Gimenez
(Conte Alberto), Luciana d'Intino (Ernestina),
Claudio Desderi (Martino). Orchestra Giovanile
Italiana. Fonit-Cetra.

Otello, Jesùs Lopez Cobos. Interprètes : José Carreras
(Otello), Frederica von Stade (Desdemona),
Gianfranco Pastine (Iago). Orchestre
Philharmonia. Philips.

La Pietra del Paragone, dirigé par Newell Jenkins.
Interprètes : José Carreras (Giocondo), Beverly Wolff
(Clarice), Elaine Bonazzi (Aspasia), Anne Elgar
(Fulvia), John Reardon (Astrubale). The Clarion
Concerts Orchestra. Vanguard Classics.

Semiramide, dirigé par Richard Bonynge. Interprètes : Joan
Sutherland (Semiramide), Marylin Horne (Arsace),
Joseph Rouleau (Assur), John Serge (Idreno).
Orchestre symphonique de Londres. Decca.

Semiramide, dirigé par Ion Marin. Interprètes : Cheryl Studer
(Semiramide), Samuel Ramey (Assur), Jennifer
Larmore (Arsace), Frank Lopardo (Idreno). Orchestre
symphonique de Londres. DG.

La Scala di Seta, dirigé par Gabriele Ferro. Interprètes :
Roberto Coviello (Germano), Luciana Serra (Giulia),
William Matteuzzi (Dorvil), Natale de Carolis (Blansac),
Cecilia Bartoli (Lucilla), Oslavio di Credico (Dormont).
Orchestre du Teatro Communale di Bologna.
Fonit-Cetra.

Tancredi, dirigé par Ralf Weikert. Interprètes :
Marylin Horne (Tancredi), Lella Cuberli (Amenaide),
Ernesto Palacio (Argirio). Orchestre du théâtre
La Fenice de Venise. Sony.

Il Turco in Italia, dirigé par Gianandrea Gavazzeni.
Interprètes : Maria Callas (Fiorilla), Nicolai Gedda
(Don Narciso), Nicola Rossi-Lemeni (Selim).
Orchestre de la Scala de Milan. EMI

Il Turco in Italia, dirigé par Riccardo Chailly. Interprètes :
Montserrat Caballé (Fiorilla), Ernesto Palacio (Selim),
Samuel Ramey (Don Narciso). National Philharmonic
Orchestra. Sony.

Il viaggio a Reims, dirigé par Claudio Abbado. Interprètes :
Cecilia Gasdia (Corinna), Lucia Valentini-Terrani

Suite et fin

(Marchesa), Katia Ricciarelli (Madama), Lella Cuberli (Contessa), Francisco Araiza (Conte), Samuel Ramey (Lord), Ruggero Raimondi (Don Profondo). Orchestre de chambre d'Europe. DG.

Zelmira, dirigé par Claudio Scimone. Interprètes : Cecilia Gasdia (Zelmira), Bernarda Fink (Emma), William Matteuzzi (Ilo), Chris Merritt (Antenore), José Garcia (Polidoro). The Ambrosian singers, I Solisti Veneti. Erato.

Gala du bicentenaire Rossini, dirigé par Roger Norrington. Interprètes : Marylin Horne, Frederica Von Stade, Rockwell Blake, Chris Merritt, Thomas Hampson, Samuel Ramey. Orchestra of Saint-Luke's. EMI.

Ouvertures

Ouvertures, dirigé par Roy Goodman. The Hanover band. RCA.

Ouvertures, dirigé par Claudio Abbado. Orchestre de chambre d'Europe. DG.

Ouvertures, dirigé par Neville Marriner. Academy of Saint-Martin-in-the-Fields. Philips.

Musiques sacrées

Musique sacrée inédite, Eduardo Brizio. Chœur et orchestre du philharmonique de Prague. Studio SM

Stabat Mater, dirigé par Myung-Whun Chung. Interprètes : Luba Orgonasova, Cecilia Bartoli, Raul Gimenez, Roberto Scandiuzzi. Chœur et orchestre du philharmonique de Vienne. DG.

Stabat Mater, dirigé par Carlo Maria Giulini. Interprètes : Katia Ricciarelli, Lucia Valentini-Terrani, Dalmatio Gonzalez, Ruggero Raimondi. Chœur et orchestre Philharmonia. DG.

Petite Messe solennelle, dirigé par Romano Gandolfi. Interprètes : Mirella Freni, Lucia Valentini-Terrani, Luciano Pavarotti, Ruggero Raimondi. Chœurs de la Scala de Milan. Decca.

Petite Messe solennelle, dirigé par Claudio Scimone. Interprètes : Katia Ricciarelli, Margarita Zimmermann, José Carreras, Samuel Ramey, Ambrosian Singers. Philips.

Petite Messe solennelle, ensemble vocal Michel Piquemal. Interprètes : Françoise Pollet, Jacqueline Mayeur, Jean-Luc Viala, Michel Piquemal. Adès.

Péchés de vieillesse

Péchés de vieillesse, dirigé par Frédéric Chiu (piano), Harmonia Mundi.

Péchés de vieillesse, Helge Antoni (piano), Etcetera.

Péchés de vieillesse, ensemble vocal Michel Piquemal. Adès.

Péchés de vieillesse, Album français, Christoph Spering, Opus 111.

Péchés de vieillesse, Salon de Rossini, Lieder Quartett, Christian Ivaldi. Arion.

Péchés de vieillesse, Rockwell Blake, Antonio Pappano. EMI.

Péchés de vieillesse, Thomas Hampson, Geoffrey Parsons. EMI.

Mélodies

Mélodies, duos, Rockwell Blake, Antonio Pappano. EMI

Mélodies, Cecilia Bartoli, Charles Spencer. DECCA

Musique de chambre

Sonate a quattro, Orchestre de Chambre Kremlin. Claves.

Sonate a quattro, I Solisti Veneti, Claudio Scimone. Philips.

Bibliographie

Ouvrages en français

Souvenirs d'un musicien, Adolphe Adam, Paris, 1857.

La vie quotidienne à l'Opéra au temps de Rossini et de Balzac - 1800-1850 -, Patrick Barbier, Hachette, Paris 1987.

Rossini, l'Opéra de lumière, Damien Colas, Découvertes Gallimard, Paris, 1992.

Le Barbier de Séville, La Cenerentola, Le Comte Ory, Le Voyage à Reims, La Gazza Ladra, Guillaume Tell, Le Siège de Corinthe, Alain Duault et Michel Pazdro, L'Avant-Scène Opéra, Paris.

Rossini, sa vie et ses œuvres, Léon et Marie Escudier, Paris, 1854.

Rossini, R. Mancini, Fayard, Paris, 1993.

Rossini à Paris, Musée Carnavalet, Paris, 1992

Notes d'un dilettante, Stendhal, éditions Michel de Maule, Paris, 1988.

Rome, Naples et Florence, Stendhal, Paris, 1817.

Vie de Rossini, Stendhal, Paris, 1824 ; 2ᵉ ed. Gallimard, édition de Pierre Brunel, coll. Folio, 1992.

Gioacchino Rossini, Frédéric Vitoux, éditions du Seuil, Paris, 1986.

La Comédie de Terracine, Frédéric Vitoux

Voix d'Opéra, éditions Michel de Maule, Paris, 1988.

Ouvrages en italien

Gioachino Rossini, Lettere e documenti, vol. 1, 29 febbraio 1792-17 marzo 1822, Bruno Cagli et Sergio Ragni, Fondazione Rossini, Pesaro, 1992.

In cuccina con Rossini, Paolo Cecchini, (éditeur non référencé), Italie.

Edizione critica delle opere di Gioachino Rossini, Philip Gossett, Fondazione Rossini, Pesaro, 1979.

Rossini, catalogue Electa, Milan, 1992.

Gioacchino Rossini, Vita documentata, opere ed influenza su l'arte, 3 volumes, Giuseppe Radiciotti, Arti Grafiche Majella, Tivoli, 1927-1929.

Gioacchino Rossini, Luigi Rognoni, 2ᵉ édition Einaudi, 1977.

Ouvrages en anglais

The Operas of Rossini, Problems of Textual Criticism, Philip Gossett, Princeton University, 1970.

Rossini, The New Grove Masters of Italian Opera, Philip Gossett, W.W Norton, New York, London, 1983.

Rossini, Richard Osborne, Weidenfeld and Nicholson, London, 1986.

Rossini, a Biography, Herbert Weinstock, Knopf, New York, 1968 - 2ᵉ édition, Limelight, New York, 1987.

INDEX DES NOMS

Index

Crédits

Existe-t-il un meilleur moyen de connaître un
pays qu'en découvrant sa gastronomie ?
En Drôme, la semaine du gôut dure toute
l'année et au fil des saisons, le terroir dévoile,
avec une belle générosité, mille et une saveurs.
La gastronomie drômoise s'offre le luxe d'être à
la fois raffinée et authentique, subtil mélange
d'ingrédients de qualité au gôut de
terroir marqué. Parmi eux, la «Truffe du
Tricastin», véritable diamant noir.
Exceptionnelle par son parfum puissant et
sauvage à la fois, elle fait de notre département
le premier producteur de truffes.
La Drôme est une invitation perpétuelle ;
gourmets et gourmands trouveront dans les
richesses de son terroir mille raisons de la
découvrir et de s'y attacher...

Achevé d'imprimer en août 1997
sur les presses d'Amilcare Pizzi, Italie

Rossini